地球のメディア情報では、

もう人類は救われません

宇宙ヘルツで進化する新人類

88次元 Fa-A
ドクタードルフィン 松久 正　神原康弥

青林堂

目次

パート1 コロナ禍で暴かれた3次元の意識の歪みと、宇宙・神性と繋がるということ 5

パート
2
真の天照大御神が開かれ、次元上昇を果たした日本の時代がやってくる　67

パート

1

コロナ禍で暴かれた 3次元の意識の歪みと、宇宙・神性と繋がるということ

２０２０年初頭から巻き起こった新型コロナウィルス感染症は、短期間のうちに世界に広がり、多くの犠牲者を生んだ。同時にそれまでほぼ想定外だった「未知のウィルスとの戦い」を通じて、世界は社会体制から生活スタイル、個人の意識に至るまで、多方面にわたる変革を迫られることになった。

しかしこの状況こそが、３次元世界の歪みを顕現させ、宇宙や神性と繋がるということがどういうことか、多くの人々に理解させる機会でもあった。

コロナ騒動は、世界が変わるきっかけだった

――新型コロナウィルスが世界的に広がり、さまざまな分野に大きな影響を与えています。この状況とその後の世界を、お二人はどのように見て

いるのでしょうか。

松久　非常事態宣言と自粛要請で、街中がすっかり静かになっちゃったよね。私の診療所がある鎌倉でも開いてる店がほとんどなくて、これが鎌倉かってびっくりするほどです。店を閉めたからといって感染者が減るわけじゃないからね、これは間違ってる。

実際には自粛要請して閉じこめてからの方が、感染者は増えてるんですよ。本来は緩くした方がいいんだけど、大きな声では言えませんから……。言ってるけれども（笑）

神原　世界的に見れば、鎮静化は簡単ではないでしょう。アメリカや中国といった産業の溢れかえった都市で、コロナウィルスを封じ込めるのには無理があると思います。この考え方を一度改める必要があるのではないでしょうか。

松久　ただね、地球の次元のプロセスからすると大変なことですが、パラレル変換の観点から見ると、そうでもないんです。古い次元が壊されてエネルギーが非常に自由化しますから。そうするとパラレル変化が起こりやすくなって、今まで想像もしなかった変化が可能になると思います。

神原　ということは、コロナ禍があってむしろ良かった、ってことですよね。

松久　そういうことです。コロナ禍は起こるべくして起こったということ。グリット・エネルギーとして、このタイミングに仕掛けられていたということですね。これで従来の意識を破壊し、社会体制をも破壊する。政治・経済・教育・生活……すべてを一度壊すからその先の変化が可能になるので、壊れれば壊れるほど良いんです。

神原　ということは今の社会の中ですべてのものを破壊することで、次をスムーズに行っていくという狙いがあるわけですね。

松久　そこがポイントです。

神原　そういう意味では、コロナ禍の終息後も社会は、大変化を起し続けると思います。おちつくには最低2年はかかるでしょうね。

松久　私の『神医学』という本にも書いたんですが、病気や死、災害や災難に遭うことを、人は今まで「あってはならないこと」「防がなくてはいけないこと」と捉えてきました。つまり防ぐことが当然という前提だった。

でも地球規模、宇宙規模で見た場合、それらが起こること、さらにそれを体験する人々は、全体の中で大きな役割を持っているんです。病気になる役割、経済的に破綻する役割、もがく役割は、今の地球ではとても重要で、それを担う人間は魂的に高尚な存在です。……ということで正しいですよね？

神原　いいと思います。ただ役割はどんどん変わりますからやりたくない役割は途中でやめてもいいのです。

松久　（笑）

神原　人間には適応能力がありますから、簡単にはやられまいとして抵抗します。でも破壊は容赦なくやってくる。すると、その中で追いつけない人たちが出てきます。そういう人たちにどのように手を差し伸べていくかということは、いろいろな方向から考えて、実践しなくてはいけないだろうとは思います。

松久　いま康弥さんが言われた次元は、現在の世の中で「そうですね」って相づちを打ってくれるゾーンですよね。人間社会の常識的な認識、現実的な仕組みでもあります。しかしさらに上の次元から見ると、これが大きく違ってくる。宇宙の叡智と人類が繋がることで、人間は食べなくてよくなるし、寝なくてよくなる。人間同士の交流もしなくていい。だから学校に行かなくても、働かなくてもよくなります。そうなると、自分で自分を救えるようになってくるんですよ。救助隊や食料配給、各種の補助金などの社会的なセーフティネットに頼らず、自分で自分を救うことができるようになります。

今までの人類は災難に遭うと「自分だけが救われない」と思いがちでした。それはゾーンに捕らわれた状態です。次元が上がるということは、そのゾーンを抜け出し、自分で自分を救える人間になるということです。ただ、そうした人間が増えると同時に、それができない人間は自然淘汰されていきます。次元が高まるほどに、その傾向は強くなります。次元上昇ということは、そういうことでもあるんですよ。

ただ康弥さんが言われた追いつけない人たち……救われない人々にも意識を降り注いでいかないと、炎上するだけで終わってしまう。彼らが意識をこちらに向けなくなってしまいますから。その時に必要なのはセーフティネットのようなサポートではなくて、アドバイスなんだと思いますが。

神原　僕が言いたいのはまさにそこで、救われない人が出るのは仕方ないし、それを恐れて次元を降りる必要はない。ただ、次元を上昇していく「救う役目の人たち」に早く目醒めてもらって、追いつけない人たちを引き上げるという仕事に従事してほしいと思うんです。そうすればうまくいくんじゃないかと。日本社会の理想は、縦に繋がり手を結んだ状態であることと思っています。

松久 今までサポートを受けてきた人が次元を上昇していく中で、他の人たちにもある程度エネルギーを送らないとダメなんですね。そうした新しい見方ができるようになっていかないと。

神原 僕たちはすぐ下にいる人たちに向けてアドバイスしていけばいい、と僕は思っているんです。すべての人たちが、僕や先生の考えや話を理解できないのは仕方ないし、それはそれでかまわない。そしてすぐ下にいる人たちが又、すぐ下の人にアドバイスしていく。このようにとぎれず繋がりを持つことが大事ではないでしょうか。

松久　分からない人がほとんどですよ。

神原　初めは僕もそう思いました。でも宇宙レベルで考えると魂の存在は限り無いです。その中で自分と合う魂は必ずいるはずなんです。その魂と出会うことで自分も磨かれる。経験から地球にもいるのではないかと思えるようになりました。人の表面を見るのではなく魂と対話するように心がけると相手の素晴らしさが分かります。

3次元の集合意識ではなく、個として魂を捉えるべき

松久　ツイッターをやっている人は3次元の世界に捕らわれていることが多いですね。だから私が何か言うと大喜びで食いつきますよ（笑）。「ウィルスはマスクの中に飛び出すんです」「何言ってんだこの医者、頭おかしいんじゃないのか」なんてね（笑）。こういうガチガチの思考は一度壊さないとダメですから……言ってみれば、私は壊し役なんですよ。

神原　先生はこの時代の立役者となろうとしてるんですね。今、時代はどんどん変化していきます。その時代の流れを読みながら、自らが社会へとエネルギーを注ぎ、明るい社会を思い描いていく作業も大事になると思います。

松久　いま各国がたいへんな騒ぎになっていますが、こういう事がなければ世界が変わるきっかけもなかったし、動かす力も起こらなかったんです。コロナが現れたことで、変わらざるを得なくなった。今までだったら「変わらない、変えない」という選択も取れたんですが、コロナ禍のおかげで「変わらないといけない」という選択しかなくなった。ここが大事で、面白いところです。

経済でいえばお金の価値が下がる、流動形態が変わります。物質主義か霊性主義（エネルギー的な目に見えないものを価値とする）かの選択を迫られ、後者の、レムリアの形体に要素が入ってくる形に移行していくと思います。通貨という物質と価値の交換ではなく「自分はこういう能力があるから、あなたのこういう能力をください」という、物質を介在しないエネルギー交換のような姿になっていくのではないでしょうか。すると、これまで絶対的だった「物質」の価値が変化する。これは大きなポイントだと思う。

神原　まず大きなくくりで言えば、今ある産業が衰退しますよね。今まではそれぞれの価値を持ったサービスを提供することが事業として成立していましたが、そこから目には見えない価値を持ったサービスの提供、という形態が増えてくると思うんです。又、産業とか事業といった概念も薄れ、時代がもどっていくようにも思えます。

松久　そうですね。今までは物質のクオリティとか便利さの度合いとか、そうした面で価値を測り、価格設定をして通貨という物質と交換していました。でもこれが変化すると、人の魂意識……物質的な身体でも精神的な心でもなく、それらを生み出す本質のエネルギーの振動数・波動を高め、次元を上げる能力に高い価値がおかれる時代になります。現在の世間的に分かりやすく言えば「本」ですよね。同じ本でも、例えば、今までは体を健康にする本、お金を増やす本、ビジネスを成功させるための本が売れてきた。でもこれからは心をときめかす本がより多く売れるでしょうし、エネルギーを感じ取れる人が増えてくれば、自分のエネルギーを上げてくれる本がさらに売れることになる。こうなると、ツイッター軍団が騒ぐ内容では全然ダメでしょ。

神原　うちの母のように、気功をやっている人たちの価値は上がっていくということですね。僕たちは次の時代に対応するべく気功師を育てていこうと思っているのです。

松久　上がっていきますね。

神原　本物と偽物を見分ける力がついてくると、本物の人だけが求められるようになるということですね。そうなれば自然と安心安全が手に入る世の中になる。支え合いや調和が生まれるということですね。

松久　簡単に言ってしまえば、次元が高いか低いかという話なんです。私みたいに高すぎると、それはそれで叩かれまくりますけど（笑）。でもこれからは自分の次元を上げることや、目に見えないものに価値がおかれます。政治も経済も教育も、そうした方向にどんどん変わっていくということなんですよ。

ビジネスの形態も相当変わると思います。私自身も、これまでの行動形態を変えることになると思います。

神原　ビジネスという概念そのものが、だんだん薄れていくと思うんですよね。これまでは仕事といえばお金のため生活のため。でもこれが「人として生きるため」あるいは「楽しむため」という理由にシフトするんじゃないでしょうか。ただあと10年はかかると思いますが。

松久　いま康弥さんが言われた「楽しむために仕事をする」ということ、これが一番のカギだと思います。今までは「仕事なんか楽しくないし嫌だけど、家族を養って生活するためにはお金を稼がないと」という状態で仕事に向かう人が大多数だったはず。多くの人々が上からの力で統合されて、個を発揮できない状態だった。新宿駅や東京駅を足早に歩いている人たちの映像がニュースなどで流れますが、まさにあれが象徴的なものです。だからエネルギーが低いレベルでとどまっていたんです。

しかし個が強化されて独立して、それぞれが違う方向を向いて好きな事をやりながらエネルギー的に融合していく、調和していく世界へと移っていく。個を抑圧あるいは没収して力ずくで統合させていたアトランティスのやり方から、レムリアのあり方への移行です。

――若者たちの中には「派手な仕事がしたい、でもきついのはイヤ」という人は多いですね。地味な仕事は敬遠されがちです。

神原　損得の感覚が働いてしまうんですね。

松久　集合意識にかなり流されているところがあるようです。周りの友だち付き合いの中で自分を殺しているというか、集団を活かして個を潰し合っているんです、今の若い子たちは。友だちが「こういうのがいいよね」って言うと、自分もいいと思うように感じてしまうんですよ。でもそれは脳が考えて答える自分であって、魂意識はそうではないんです。本当は地味な方がいい。外で遊び回るよりも家の中に閉じこもって、心穏やかな事に没頭していたい。それが魂の喜びだったりするわけです。だから世の中が「今の若い子の生き方は、こうだ」と枠を作るのは、個の魂にとって一番危険で、魂が理想的な世界に向かわなくなる大きな要因なんですよ。「今の○○たちは○○だ」というのは集合意識を前提にした捉え方ですから、結果として集合意識をつくりやすい。それをやっているのが今のマスコミなんです。本来ならあくまでも個で捉えなくてはいけないんですが。

――確かに、素直に「日本はいいね、よくやってる」と言っただけで叩かれたりもします。

神原　コロナ対策については、それは僕も言っています。肉体を持ってこの世界で生きている以上、地域社会や国に従うことは大事かもしれませんが、全てをうのみにして従うことには危険性があります。人を殺せと言ったらそれに従うのかと思うほど、自分の意志を持たない人が多いです。これからの時代それでは自分の首を自分で縛っているようなものですね。

松久　ところで、どのように康弥さんとコミュニケーションをとれるようになったのですか。

母　いつのまにか自然に康弥の意識が読み取れるようになりました。肩に手をあてるだけで、一瞬で分かります。

松久　お母さん、それ、すごいですね。

母　最初は紙とペンを使って書いていました。6歳くらいからできるようになり20年たちましたが、4~5年前から肩や手に触れるだけで頭の中にテロップが流れるように言葉がでてくるようになりました。

松久 瞬時に入って来る感じ?

母 入ってきますね。

神原 この方法で母とペンを持って筆談することを十五年近くやりました。もちろん子どもの時は楽しくて夢中でやりましたが、十年も過ぎると退屈に思うようになるんです。それで考えたのは、幽霊たちや神々と話しをするように母に話しかけてみよう。これが今のテレパシーでの通訳の始まりです。一~二年はまったく気付いてもらえなかったんですが、三年くらいすると気付いてくれて、「喉が渇いたよ」とコンタクトすると「康弥喉が渇いてない、ジュース飲む?」と言ってくれるようになりました。そして長い時間かけて、ここまでやれるようになったのです。長い時間かかりましたが本当によかったと思います。なにより天命である仕事が出来るようになりました。これも母と僕の運命だったのだと思います。

松久 そうだね、誰にもできないからね。

神原 僕の今世の課題は「自分が自分がというエゴを捨てる」だったのです。生まれてくる時に母を見つけ前世で自分のエゴを押し付けキズつけてしまった人だから、今世はこの人を幸せにしたいと思いながら生まれてきました。

しかし僕は自分の課題を達成するため障がいを持つ運命がありました。生まれる前は障がい者がこんなに大変だと思っていなかったのです。

現実的に障がいを持って思ったのは自分の障がいを乗り越えるよりも家族が悲しんだり、周りの人の偏見の目に晒されることで自分のエネルギーが吸い取られてしまうことの方がしんどいことです。

動けないから退屈だろうとか半分意識がない状態なのだろうかとか思う人もいるかもしれませんが意識はいつもはっきりしているし、いつでも神と話をして交流したり、行きたいと思う場所には意識だけ移動して見学できるし、やろうと思えば何でもできますから、暇と思うことはないです。

子どもの頃から神々と対話し、自分がどう生きていけばよいのか学んでいましたし、運命は変わっていくと信じていました。

僕が人の前で話をしたい、神様の話がしたいんだと言ったとき、母は少し困っていたようですが、すぐに納得してくれました。そして康弥を家に閉じ込めておくのはもったいない、世の中のためにも頑張ってみようと思ってくれました。僕の世話だけでなく全サポートをしてくれることを本当に感謝しています。

母　こちらこそありがとうございます（笑）

松久　お母さんの言っていること理解している？

神原　たくさんの人が一度に話していると、どの人の声を聞いたら良いか分からず混乱してしまいます。そういう時はその人の魂が何を言っているかを聞いているんです。そうするとだいたい理解できます。個人コンサルの時は魂の声を聞きながらエネルギーを入れてあげています。そうすると元気をとりもどし、心が楽になるんです。

松久　それがいいんでしょうね。

神原　話を聞いている中で、ちょっと黙っちゃう時があるんです。そういう時は相手が何を伝えたいのか、何を考えているのかを魂レベルで探している状態です。人は混乱すると大事じゃないことを口にしてしまいますから。

松久　魂……そこなんですよね。そこが生命体としての人間の、最も大事な要素なんだけれども。たいていの人は脳で考えて完結してしまうし、ツイッター界隈の連中ときたら「脳で考える世界がすべてだ」って思ってますから（笑）

次元が異なると、伝えたいことも伝わらない

神原　日本人ってなぜか「自分たちはダメなんじゃないか」って意識が強いですよね。だから外国から来るものに弱い。特に中国やアメリカから入って来るものに対して「長いものには巻かれろ」という感じで、弱虫なところを見せてしまう。

松久　繊細で、他人と共鳴できるのは日本人の良いところなんだけれども。でも確かに、自分を出して主張することには弱いね。

神原　アピールが苦手なのかな？

松久　うん、自分をアピールするのが弱いと思う。

神原　人間の力にはできること、できないことの幅があります。その幅こそが魅力なのに必死に幅を狭め、できないことをかくし、面白くない人間になろうとします。ばかな話です。

松久　それもあるだろうけど、そもそも学校教育が「皆と同じであれ」という方針だったから。

神原　ルールに従う子が良い子だ、という枠組みを作ってしまったからですね。一人ひとりを個として確立させる教育がなかった。だから「どんな色が好きか」から始まって、自分は何をポリシーに生きていくかというような、芯になるものを作れないまま育ってしまう。

松久　学校もね、今までの教育内容を切り替えていった方がいい。エネルギーの振動数を上げる、次元を上げる、自我を上げる。そのための教育を施す。そうした方向に全部切り替えるべきだし、その方が将来的にもうまくいきます。今までの学校教育は、社会に出ても大人になっても、いつ使うのか分からないような知識ばかりを詰め込んできたでしょ。そんなものはもういらないんですよ、新しい弥勒の世では。

神原　僕も連続講座で、参加者の皆さんにいろんなことを伝えるんですが、一番よく口にするのは「もう知識はいらない、必要なのは感じる力です」ということです。脳だけで判断するにはその物差しになる知識が必要だけれど、魂で感じるところからでないと本当の意味での正しい判断が下せないので。自分のことなのに判断できない人や決めることが出来ない人が多いです。これでは幸せになんてなれませんよ。

松久　準備ができている人は講座についていけるけど、3次元のツイッター層は「感じる?」「何を?」で終わってしまいますよね。続かないのはもう分かっていることだから、いちいち「感じるとは、こうすること」と説明しようとしても、つけ上がるだけだから。だったら「ギャフン」と書くしかないでしょう? それしか方法はないんだもん、彼らには。まぁ他にも方法はいろいろあるけれども。

ともあれ、今回のコロナ騒動で世界は大きく変わりますよ。すでに兆しは出ていますから。ただし一気に変わる部分と、ほとんど変わらない部分との両方があるでしょうね。つまり変わる人と変わらない人がいるというわけで、これらの人たちが同じ次元にいるのは難しくなります。変わらない人たちはそのままではなく、下がっていく。だから選択肢は「次元を上げるか下げるか」です。下げる人は上げる人とは一緒に住めませんから、違う地球に行くことになります。

神原　私たちは次元上昇、次元上昇と言いますが、実は次元上昇を見越しているのは集団意識なのです。つまり次元上昇して欲しいと願う人間がそうさせているのです。又、下げたがる人間もいる。このいたちごっこについて行けない方は簡単に言うと、お亡くなりになるのです。

松久　お亡くなりになるんだけど、他のパラレルワールドに行きますから。それはそれでハッピーですよ、彼らは次元が低い方が楽しいわけだから。

神原　宇宙とは私たちにとって楽園のような所かもしれません。未知の世界ですから感じる必要のないものは感じなくて済みます。人間の弱い所は感じたものをうまく処理できない。繊細ですから。その悩みからは解放されるでしょう。しかし感じるからこそ幸せであるということもあります。地球でしか分からないものもあるのです。要するにどちらも素晴らしい（笑）

松久　私は去年『死と病気は芸術だ』というフォトブックを出したんです。大暴れしている写真ばかり並べて、あれもちょっとついてこれないよね、下げる人たちは。でも、強烈な本なのに、あまり世の中が騒がない。本当はあれくらいの本が出たら、もっと騒いでいいんですけど、準備ができてない人たちばかりなのかな、と思いましたね。だったらぶっ壊すしかないよね（笑）。

――出版してすぐには動かなくても、本は放っておいても一人歩きするものですから。

神原　僕の書く本はエネルギーをめいっぱい記憶させて、開くたびにそのエネルギーを感じてもらえるようにと思っています。ですから今は理解することが難しいと思う方が多いかもしれませんが、人間が進化を遂げた時、必ず役に立ちます。それを楽しみに書いているんです。

松久　こういう状態でも動いてるんだ。

神原　いま僕がどういう状態かっていうと、この世の中の感覚と、宇宙の一番てっぺんの、ちょうど真ん中あたり。宇宙の入り口から見て、いまこの世界に必要なことをしゃべっています。その方が楽なんですよ。位置を変えると感覚が重くて、お尻や腰が痛くなったり、いろいろと面倒なことが多いんです。上に行った方が楽になります。

松久　そうだね。

神原　お母さん、これくらいスッと入ってくるの、地球にたぶん関係しているんだろうね。僕はすごく楽だし、スッとコミュニケーション取れて嬉しいんだけど。普通は「えっ?」って壁ができて交流するんだよ。でもスーっていけるから。そういう関係性持てる人間、地球でほとんどいない。

3次元で起こることは、すべて宇宙が計画している

神原　このお仕事を始めるまでは、本を書いてる先生ってすごいな、って思っていたんです。僕もその仲間に入って一緒にお仕事させてもらうよ

うになると、いろいろなことを感じることが多くなりました。でもね、半分くらいの先生は普通の人です。とはいえ、その先生たちもいい事を話してくださるので、それはそれでいいんです。

松久　人にはそれぞれの役割があって、価値観があるから。私の場合は、位置、ポジションがまったく世間と違い過ぎて、理解されなくなっちゃったんですよ。それで受け入れてもらえなくなってしまって。世間的には寂しいことだけど、それはぜんぜん寂しいことではないということを、宇宙は知ってくれているからね。康弥さんと同じで。

神原　そんなことないですよ。先生、ファンがいっぱいいるじゃん！「先生の話すことが分からない」っていう人は、そんなにいないから大丈夫。先生の本を読んでいる人たちは「なんだか面白い先生が面白いことを言ってるなあ」って思っているから、大丈夫です。

松久　ありがたいです（笑）、康弥さんに言われると嬉しいね。最近どうも、一言一言がしみるんですよね。

神原　先生をはじき出すようなマスコミの会社は、あと10年でどんどんなくなっていくから大丈夫です。誠意のないテレビ局や新聞社はなくなると思いますよ。

松久　生き残れなくなってしまうんだろうな。集合意識を発信すること自体が人間のエネルギーを下げることに繋がるから。彼らは宇宙的な視野で見ると邪魔者でしかないから……。

神原　そういうものから、なくなっていくと思います。

松久　世間に存在する3次元的なものは、宇宙的視野で必要かそうでないかが判断されるんだよね。

神原　そのとっかかりとして、コロナが発生しました。世界的な社会全体の丸洗いが始まったのです。ここから1年か2年ぐらいは、どこをどのように整理していくか、宇宙が綿密に計算して動いていくと思います。

――マスコミといえば「報道ステーション」のメインキャスターがコロナに感染していましたね。

神原　テレビニュースやワイドショーの情報は嘘八百で、ずいぶん前から見ていません。それどころか人に害を与える。公正な仕事をしなければ潰れていきますよ。

松久　こんなことを言うとまた炎上しそうなんだけど、私が発信したいのは「自ら罹りにいきなさい」ということ。私の言動に噛みついてくる人たちほど、自ら進化・成長する必要があるんですから、この際コロナさんのお力を借りなさいよと言いたい。新型コロナウィルスの遺伝子を自分のＤＮＡに組み込んで、書き換えてもらいなさい、って言いたいですよ。「病気にかかることは悪いこと」という集合意識は、僕はいけないと思う。罹ることはいいことなんだ。

大きな視野で見た場合、病気に罹る人が増えるということは、それによって書き換えられる人間が増え、相対的に「進化した人類」が増える、ということなのだから。

神原　僕の感覚では、感染症としてのコロナ禍というのは、すでに終息しているんです。宇宙的には事件として終わっている。ところが大多数の普通の人たちの意識が、宇宙や地球の意識についていけるかどうか。それによって「終息した」「いや、まだまだ」という不安で中途半端な状態が続いていているんだと。

松久　康弥さんの言う「宇宙的な終息」については、私の位置からも同じことが言えるんです。天照大御神《アマテラスオオミカミ》、それに菊理姫神《ククリヒメノカミ》も含まれるけれど、彼らの観点からは、人類に自ら学ばせるための仕掛けは終わってるんですよ。果たすべきお役目は済んでいる。あとは人類がコロナ禍に何を学ぶのかなんですが、肝心の人類が学びの姿勢も見せず、不安を煽り、恐怖を長引かせているばかり。

神原　人間が学ぶことによって終息するということです。

――マスコミ、特にテレビは連日のように視聴者の不安を煽ろうとしていますし……。

松久　そういうテレビ局がコロナ禍の直撃を受けるわけです。目醒めなさい、と。

神原　レベルが上がっている人間が、そういう報道のあり方がいいのか悪いのか考え、これから動き出しますよ。救う役割を持った人たちが、自分の思いや考えを発信することで追いつけない人たちを引き上げていきますね。

松久　おそらくそれはテレビ批判というよりも、テレビ局内部からの動きとなって起こるんじゃないかな。自分たちがやっていることが、人類のためになっていないということに気づき、自分の存在に意味や意義を見出すことができなくなって、たまらず行動を起こす。「自分の存在意義がない」と知る事ほど、寂しい事はないからね。

高次元から低次元へ、どうやって伝達するか

――松久先生は今回、文春の標的にされてしまいましたが。

松久　私は次元が高すぎるので、この記事が出るまでは「たとえ誰かに撃たれても、その時点で撃った連中は潰されるだろう」くらいのことを

言ってました。これまで私はイルミナティ、フリーメイソン、ロスチャイルドなどとコンタクトして、彼らの意識を瞬時に書き換えてきましたから、逆のことをする者がいたら、瞬時に自分たちが潰れるだろうと思っていた。ところが私を撃った連中はいたって無事です。

ということは、私はこの攻撃を浴びる必要があったということです。あえて攻撃を浴びて、新たな事に気づき、新たな領域に行く必要があったのでしょう。3次元の仕組みに、より高い次元が絡んでいないとは考えにくい。ですからこれは高次元の思惑だったのだと捉えています。

神原　だとしたら、これは先生に何を気づかせるためのものだったんでしょうか。

松久　そこが一番大事なんですよ……おかげでこの冬眠中、普段は考えないことをずいぶんと考えました。撃たれてなかったらこんなこと思いもしない、というようなことをずっと考えたわけです。そこで行き着いた答えは、「やり方を少し変えてみては」という示唆だったのだということです。

今までの私は高次元で撃ちまくって、相手がついてこれないなら勝手にしろ、というスタンスでした。「分からん奴は分からんでいい」というやり方で、荒っぽいといえば確かにそうです。でもそのやり方を少し変えて、88次元から3次元世界にラブレターを贈るようなことも必要なのかもしれない。あるいは自分の位置を超低次元に落として、そこで撃った撃たれたとやり合うことも意味あることなのかもしれない。

今までは、それができなかったんですよ。私は顔も名前も中途半端に世間に知られていましたから、弱々しいところを見せられず、自分の考えを広める時には力技に頼るしかなかった。とりゃー、おりゃー、こらー、ばっかりで、本当に優しくなれないままだったんです。

でも今回の件で叩かれて、世間に強力に知られたので、それでも世間に出ていけば、その時は今までよりも優しく撃てる気がするんです。力ばかりに頼るのではなく。そうすると3次元の人たちにとっても、救いというものを意識しやすいかもしれない。先ほど康弥さんが言っていたように、追いつけない人たちもある程度引き上げていかないと、全体の次元の上がり方が鈍りかねませんから。

神原　それは僕も考えていたところです。次元が上がるのは良いとしても、その上昇からこぼれ落ちていく人たちは間違いなく増えていくわけです、はっきり言えば。まさに今、生きるか死ぬかという人たちが、これからどんどん増えていくでしょう。そうした状況の中では「これは俺の仕事じゃないんだけどな」と思いながらもやらなくちゃ、という場面が増えるはずです。この何年かは、できる人間によるそうした働きが必要じゃないかな。僕もこの1年か2年はしゃかりきに頑張ろうと思っています。

松久　でもね、その低次元の層にもいろいろと、私は意識を向けてきたんですよ？　そしたら噛みついてきたわけでしょう……。

神原　いやだからそれは、「先生のエネルギーをください！」という欲求の表れですよ。

松久　まあ発信方法という自分のやり方を変える、1つの機会にはなると思っています。

神原　僕はそう思いますよ。簡単なことです。目線の方向や金額設定を少し変えて、下の次元の人たちにも届くようにする。その程度のことだと僕は思いますよ。例えばＤＶＤ作って誰でも買えるようにしておくとか、その程度でいいのでしょうけれど、意外とそこが大事だったりするんでしょうね。

松久　高次元を３次元に翻訳して伝えることもすごく大事だ、と言われることがあるんです。私、あまりそういうことをやってこなかったので。

神原　それは僕も考えないといけないところなんです。僕がやっていることはだれもが理解できるかと言ったらそうじゃない。でも少しずつ増えていくだろうと思います。宇宙エネルギーの翻訳ってめっちゃ難しいんですよね。僕は詩や文章でできるだけ分かりやすいようにと心がけていますが、それでもやっぱり難しい。僕が伝わるようにと作っても、本当に伝わったかどうかは相手次第ですし。

松久　つい最近ですが『シリウスランゲージ』というカードの本を出したんですよ。ご縁をいただいた曼荼羅アーティストの方に、私が降ろしてきたシリウスのエネルギーを伝え、それを14枚の絵にしたものです。1万1千円と少々高価ですが、高次元のエネルギーを伝えるには、絵や色は有用ですね。言葉や文章では高次元エネルギーの本質を伝えるのが難しいし、やり方によっては次元が下がってしまいますし。

神原　僕もそう思います。視覚からのエネルギーは直で脳に届きますから分かりやすいんですね。ただ人の霊性を上げようと思った時、エネルギーを受け取るだけでは限界があるんです。受け取る器を拡げないといけない。常識に捕らわれていたら、まず無理です。

松久　私もあれこれと本を出してきましたが、本当に難しいと思いますよ。もう「飛び出す絵本」みたいに、「88次元の本」って作れないのかな、と思いますよ。パッと開いたらそこにすべてが記してあって、それで完了、というような（笑）。そういうものができれば伝わりやすいと思うんだけどな。

でも超3次元のツイッター軍団は文字の奥にあるものは読めないから……。文字というのは非常に難しいですね。

神原　難しいと思います。でも僕は難しいからこそ何度も挑戦する。挑戦しがいがあると思っています（笑）

松久　メディアの偏った姿勢は変わってほしい。霊性が低いのをぶっ壊して、完全に新しく書き換えるってことですよね。

母　（テレビ朝日、TBS、NHKの政権批判は）主婦仲間でもおかしいよね、なんか偏っているよね、って思ってます。気づいている人はけっこういる。

神原　でも、先生もメディアで取り上げられて、キーマンじゃないですか（笑）

松久　キーマンです。いよいよ、世に飛び出すときがやってきました（笑）

神原　じゃあ、僕も1回叩かれようかな（笑）

今ここにある自分を受け入れ、上昇する

――叩かれるということについて、神原さんはそうした経験はありませんでしたか？

神原　活動を始めた初期は「チームＫＯＵ」というボランティアの集まりで講演会をやっていました。母と僕とのテレパシーでのやり取りを売名行為だとか詐欺まがいだとか、散々言われました。チームに人が残らず落胆していた時、天から「遊びのつもりでやってはいけない。あなたがそう思っていなくても周りの者はそう思っている」と聞こえてきました。直感的に「これはビジネスにしたほうが良い」と思いました。それで「オフィスＫＯＵ」を設立することになったのです。

松久　私も活動を始めた初期には、周りに変態ドクターたちが集っていたんですがね。いつしかみんな逃げちゃって……寂しいものです（笑）。「神を修正する」って僕が言い出したら「そんな人間いないだろ」って。

神原　そうそう、先生のその「神を修正する」って考えが面白いなと思っていたんです。ぜひその話を聞こうと思って。

松久　神というのは実は、傷ついたり乱れたりしてるんです。世間の人たちはみんな神に祈るばかりだけど、神を癒すものがどこにもいない。でも神のエネルギーこそ高く保っておかないとダメなんですよ。でも神を癒すには、神よりも高い次元と繋がってないとダメなんです。

神原　震災の時にたくさんの人亡くなったじゃないですか。その時に宇宙から亡くなった人たちをお迎えに来る神様たちがたくさんいたんですが、その神様って取り立てて高位の神ではなかったんです。漁師さんだったり、働いたことのないお母さんだったり。そうした神様が、「お子さんを一緒に探しましょう」と励ましたり「ここで待っていれば、あなたのお子さんに会えるから」と説得したり。又、おそらく現世では船長だったであろう親方風の神様が「お前らぐずぐずしてんじゃねえ、早いとこ陸に上がれ」なんて海を回っていたり。5時間も6時間もエネルギーを注いで、亡くなった魂を引き連れて宇宙に昇華していきました。神様って大変ですよね。

松久　神にもそれだけ次元の違いがあるんです。例を挙げれば、地球で一番高い次元で入って来たのが、1万年前の大宇宙大和神《おおとのちおおかみ》。私が授かっている神で、熊本の弊立神宮にあり、50次元。これは神として最初に人格、パーソナリティーを持った神です。

その後に連なるのは菊理姫神48次元、イザナギ神・イザナミ神が46次元、天照大御神44次元……さらにずっと続いています。イエス・キリストが今31次元と、かなり高い次元にいます。バシャールは18次元。

康弥さんのお話にあったのは7次元から8次元でしょうね。神というよりも霊体に近いでしょうか。地球に意識を残しているために、まだここからまだ去れない存在ですが、そのあたりを含めると7次元あたりから上が神の領域です。

神原　神っていろいろな種類があり、役割を負っていますよね。次元の低いところにいる神々は、一番働いています。しかしその神々に地球はささえられているわけでもあるのです。

松久　上は見守っているだけですから。

神原　私たちに見守りエネルギーを降りそそいでくださる神様ですね。

松久　それ以外は基本、なにもしないですから（笑）。

神原　私たち人間一人ひとりに神様がついてエネルギーを降り下ろして下さっています。しかし神様になると自分を自分でメンテナンスしないといけません。足りなくなったエネルギーを自分の力で補い、学びを深めたくなったら自分と向き合い叡智を引き出す。ある意味地球で人間をしている方がよっぽど楽なんです。地球が混沌としているということは、宇宙全体もエネルギー不足を起こしているということなんですよ。

松久　助けられる人の意識が繋がっている先が7次元、8次元あたりですから、その次元の神様にしか助けに来てもらえないんです。30次元と繋がっていれば、30次元の神のサポートが入りますから、それ以下の次元にある神々は働かなくて済む。

低い層の神に働かせるっていうのは、あまり良いことではないでしょうね。神の威力も大きいものではないし……。でも、それくらいのレベルの人たちが多いのは確かですね。

神原 神にも役目・役割があり、みな自分の思いをもって働いています。動くことが好きな神は自分の思いに従いプライドをもって働き、動くことの苦手な神はその叡智をもってエネルギーを降り下ろす。まさに人間社会の理想的な働き方をしているのです。

松久 私は88次元まで行っているけど、地球人がどの次元まで交流できているかってことが大事です。

神原　人間の霊性を上げていけば、より叡智をもった神と繋がるということですね。

松久　次元を上昇させよう、と私は一生懸命言ってるんですが、ツイッターでの反応は「次元ってなに？　分かんない」で終わりです。そもそも「次元」という言葉がまったく入らない。私が言うのは螺旋振動数、振動数のことです。振動数が多ければ、それだけ次元上昇しやすい状態になる。

それにはまず、今の状態を「完璧なもの」と受け入れて、何も変えないことです。不十分で不完全、満たされておらず愛に包まれていないという感情が少しでもあれば、次元は下がってしまいます。そうではなくて「今が完全であり、変えるべきものはなく、愛と感謝だけに包まれている」という状態になること。１秒前も１秒後もなくて、今この瞬間にすべてが完璧な自分が存在しているという状態になれば、地球の時間の進行とともにいつの間にか次元が上昇している。そういうものです。次元上昇に固執して「上げよう、上げよう」と思っていても、上がるものではありません。

神原　どんな状況にあっても、感謝と満足感を持っていればいい。意識的と言うよりも無意識レベルである方が望ましいということですね。

松久　今、ここを完璧と知る事、受け入れる事です。私がいつも言うことですが、これが３次元の人間には一番入らないんですね。『神医学』にも書きましたが、これからの医学、医師の役割は、そこに気づかせることです。今は医師が人の不安や恐怖を煽っている。これじゃダメですよ。

神原　現代人の不安や迷いはすべてエネルギー不足から来ているのです。愛の心や感謝があればエネルギーは自然と自分に入り、その人を満たしてくれるのです。でもそのことが大事なのだということを忘れてしまい、段々とエネルギー不足を起こし、病気や災難を引き起こしてしまう。それでまたもやエネルギー不足を起こしてしまうのです。エネルギーを取り込むと自然と愛が沸き、人に感謝できるようになる。これは個々の魂にその意識が元々記憶されているからです。

松久　次元上昇というのは単純なことなんですが、現在の地球人にとっては一番難しいことなんですよ。でも自分の中に不満や不安、恐怖があって、自分を嫌う意識があれば、それは宇宙を嫌う意識として働いてしまう。これでは宇宙のサポートは得られません。自分と宇宙はイコールで繋がっているわけですから……これは康弥さんの得意分野でしたね（笑）

神原　宇宙からのサポートについてですね。

まず宇宙根源について語らなければならないと思います。

根源はエネルギーの出る場所であり、地球めがけて、どんな時も一定レベルのエネルギーを降らせてくれています。そしてそのエネルギーは宇宙の上級層、中間層、下級層を通り抜け地球に下りてきます。そのエネルギーは人間はもちろん、動物、植物、土地、家屋と形あるもの全てに影響を与えています。又、根源はエネルギーを降り下ろすだけでなくモニターのようになっていて、その魂の持つ叡智を映像とナレーションで伝えてくれます。

僕は「自分の魂の声に耳を傾けなさい」とよく言いますが、それはこの体験からです。

各地で災害や人災が頻発するようになりました。それは人間の意識がそうさせている時と宇宙の計らいからそうなる時とあります。人間の悲しみがそのようなことで一気に増すと上級層の神様が自分のエネルギーを降らせ人間の悲しみを癒そうとします。

宇宙からのサポートエネルギーは二種類の出どころがありますが、エネルギーの質は結局同じものなのです。

スピリチュアル界の悪しきトレンド

——今のスピリチュアル界には「コロナで自分を救う」ではなく、地球を救う、人類を救うんだという意識がトレンドとしてあります。

松久　それはダメですね、失敗している。まず自分を救ってからでないと、地球は救えないでしょう。こんなバカげたことを言ってるから、自分もダメになるんですよ。

神原　まさに「バカげたこと」ですね。どうしても誠実でありたい良い人でありたいとの思いからなのでしょうが、他人軸になっています。もっと自分の魂の声を聴くようにしたらこうはなりません。魂は自分が輝いていたいといつも思っていますから、魂が思っていないことをするとどんどん疲れていきますね。

松久　他人を救うことで自分が救われるというのは、たとえばボランティアの分野で起こりやすい勘違いです。これも危険なことなんですよ。まず自分にフォーカスしてないのが一番の問題だな。

神原　これ言っちゃっていいかな？　僕、障がい者じゃないですか。だから、よくボランティアの人たちが僕にすごく優しくしてくれるんですけど、「お門違いだよ」って思う時があるんです。

松久 「うるせえ、ほっとけ」って感じですか（笑）

神原 「今日は寝てるんですね、目を開けてください。康弥さん、康弥さん」ってね。もう「うるさーい！」って感じることがあります。寝たい時もあるよ。自由にさせて。……もう、言っておいたほうがいいのかな？

松久 康弥さん、もっと言っていいよ。「自分の人生を生きろ」って、言った方がいい。勘違いしている人間ほど、自分の人生を生きてないから。

神原 優しさの押し売りをしている人というのは、自分に価値を見出していない人が多いです。「自分はみじめな人間だ」とか「悲しい存在だ」とか「寂しい」とか。だから自分を高めて価値を見出すために、誰かに優しさを売ろうとする。それが分かっちゃうと、がっかりしますね。

人の言動の奥には必ず深層心理が潜んでいて、それがすごく分かっちゃうのね。だからどんなにいい言葉を口にしていても、その奥の意図が透けて見えてしまって、とても残念に思う事が多いです。

松久　エネルギーが低い人ほど「愛」って言葉が大好きなんですよ。これさえ言ってれば自分をいい人に見せられるって思ってるんですね。そもそも愛というものを勘違いしている。愛は自分にしか注ぐことはできない。人に注ぐ余裕なんて、どんな人間にもあるはずないんです。

自分に愛を注ぐことで結果として人に降り注ぐことになるんだけど、それを理解できていないと、人を愛したり人から愛されたりということばかり言うことになります。

――まず自分自身を愛し、救い、それが拡張することで他者を救えるということですね。

パート

❷

真の天照大御神が開かれ、次元上昇を果たした日本の時代がやってくる

エネルギーを高めて発生する次元上昇は、個人レベルだけにとどまらない。多くの国民が目醒めを果たすことで国全体が高エネルギーで満たされ、個の集合体としての国が次元上昇を果たすケースもある。

ことに日本では古来から封印状態にあった「真の天照大御神」がついに開かれ、霊性邪馬台国の出現とともに日本が世界のリーダーたるエネルギーをまとうに至った。この状況の中、日本国さらには日本国民である個々人は、何を目指し、どう動くべきなのか。

コロナを抱きしめて、進化を早めよう

神原　先生、海外のヒーラーの人たちって、国を守ろうとか良くしようとか、そういう思想はあるんでしょうか?

松久　海外ではヒーラーに対する理解や認識が日本より広く深いですから、ヒーラーにもいろいろなグレードがある、と見なされています。誰はどこの次元と繋がっているとか、誰は上層階にあるとか。そうしたことが普通に言われているから、ある程度の位置にいるヒーラーなら、自然とそうした行動に出ると思いますよ。厄介なのは、下の次元で低いエネルギーと繋がったまま埋もれてしまっているタイプ。まあ実際のところ、そういう人たちが大多数なんですが、これが愛と調和を崩してしまっている。愛と調和じゃなくて、分離と破壊を招いてしまうんです。

神原　崇高なエネルギーを持つ人がマイナス的なものを解体して、新しいもの、より良いものをそこに作りあげましょう、というならいいと思うんですが。その後のビジョンがないままますべて壊してしまうという考えの方々がいらっしゃると、大変なことになってしまいますよね。

松久　すべて壊してもいいんですが、集合意識がついていかないとダメなんですよ。すべてを破壊した瞬間に、たとえ人類の何割かであっても集合意識を瞬時に変えられればいいんですが。現在の地球人類の意識は固くこわばっていて、瞬時の変動ができません。だから壊すにしても、徐々にやらないとダメなんです。

神原　本来なら、崇高なエネルギーであれば、全部壊して、それを一瞬にしてプラスに転換するということも可能だと思うんですが。今の次元だとそれができない。

松久　難しいでしょうね。たとえば地球人類がパラレルワールドに直撃した時、わずかな先にいろいろなシナリオが同時に存在している。この状況ではどのシナリオを選ぶか、集合意識が決めるだけなんです。でも今の地球の集合意識のレベルでは、選択肢は少なくなりますね。本当ならこのシナリオを選べるんだけど、それには意識変換が完全になされる必要がある。それができていないうちは、選択できない。だから集合意識を高める必要がある。

そのために私たちは自分の役割……本を書いたり発信したりという仕事をするわけです。ところが世間の人間の多くは、同じことをやったまま、変わろうとしません。マスコミの言うことそのまま鵜呑みにして、テレビが白といえば白、新聞が黒だと書いたら黒です。

今、世界的にも「右へ倣え」が蔓延してしまっているので。この状態で世界が壊されるということは、宇宙の意識、高次元に繋がれない人間たちが増えるということですね。

いつだったか集合意識のエネルギーを読んで、ふるい分けによって次元上昇するグループと落ちるグループの比率を測ってみたことがありました。これは私のシークレット講演会でもお話ししたことですが、その結果は次元上昇するのが全体の15％。残りの85％は全部、こぼれ落ちてしまうらしい。このこぼれ落ちる人間がどれだけ意識を変革できるかが、人類の選択肢を増やす、つまり将来を選ぶ大きなポイントになるんです。

神原　その、次元上昇する15％を、せめてなんとか20％にしたいな……と考えながら、僕も詩や文章、本を書かせてもらったんですが。その中ですごく難しいなと思うのは、マイナスのエネルギーが強くなり、そちらに引っ張られると感じることです。そうすると意識が柔軟に動いてくれなくなります。

松久　破壊が起こる時には、逆に強くなるようですね。ポジティブが大きく出る場合はその反動として、ネガティブが大きくなる。このこと自体は悪い事ではないです。大きなポジティブを生むためには、大きなネガティブも必要になりますから。まさに今、そのタイミングを迎えているということです。

ここで人々がメディアの言うことを聞かなくなったら、大きく変わります、本当に。逆にそれくらい根本的に、根底がくつがえらない限り、大きな変化は起こりにくい。私は「人間全員、コロナウィルスに罹患しろ」って思ってます。強烈でしょ？　でも、これくらい言わないと、変化は起こらない。特に週刊文春とフライデーの皆さんは進んでかかってくださいと（笑）。

神原　確かに、たくさんの人がコロナにやられてしまうと大変になるかもしれないけど。

松久　いや、実はならないんですよ。というより、コロナにはもうすでに95％の人がかかってるんです。コロナウィルスがエネルギー体として体内に入ってきても、本人が穏やかであれば反応しません。ところが不安、恐怖によって物質化すると、免疫が反応する。それで抗体検査やＰＣＲで陽性反応、ということになる。コロナにかかっただけでは、これらの検査には引っかかってきません。

ウィルスがエネルギー体のまま細胞に入っていくと、細胞内のＤＮＡを書き換えます。つまり、進化させてくれます。すると細胞が変質します。その時に不安や恐怖で満たされていると細胞を叩くことになるんですが、愛と調和で包まれていれば、その変化を細胞が受け入れてしまう。「あ、新しい私だ」って。

現時点で、感染者数は世界で６００万人くらいとされていますが、僕がエネルギーを読んだところでは、すでに95％がコロナに罹患しています。

ほとんどの人がコロナにかかっていて、そのうち発症するのは０・０１％にすぎない。０・０１％ですよ？　だから、どんどん浴びたらいいんですよ。そして意識の根底をひっくり返せばいい。コロナは友だちだ、敵じゃないんだと。だからもっと浴びて、もっと仲良くすればいい。そこのところをひっくり返さないと未来を大きく変えることはできません。逆にそこが変われば、大きく変えていける。

神原　そうすることで、不安や恐怖として捉えられている対象と共存する力をつけるということですよね。これは次の時代にとても大事な力となる。

松久　フレンズとして捉えるわけです。

神原　それは、おもしろい発想ですね。

松久　コロナから逃げない、むしろ進んでコロナとハグする。友だちになる。これはとても大事なことで、宇宙の根源的な視野から見れば、今の地球で起こっている現象は、人類を進化させるための1つのステップでしかないんです。だからすべてを受け入れたほうがいい。このことを世間の人たちが理解し、受け入れることができれば……。

神原　そうした方が、進化が早くなりますね。

松久　そう、進化が早いんです。もちろん一時的なダメージは大きいですよ。政治も経済も全部潰れてしまう。でもそれは宇宙の計画のうちですから。

神原　宇宙の計画の中では、これまで人間が作り上げてきた政治や経済というものは、全部新しいものに根底から変えた方がいい、その方が人間が生きやすくなるという判断なのでしょうね。

松久　だって我々は幸せじゃなかったじゃないですか？　コロナ禍が起こる前は。今の政治、経済の枠組みの中で、根本的なディープな幸せを感じていたわけでは決してなかったと思いますよ。

神原　でもこれからは変わっていく。僕たちはディープな幸せ感に向かって動いているってことですね。

松久　私はこれから「スーパーハピネス」という事を提唱しようと思っ

ています。スーパーハピネス、至上の幸福。幸せには至上があったんです。これが幸せの至上のものだって。モノとか、お金とか、地位とか、そこから得られる幸せは人それぞれにありました。でもスーパーハピネスでは、「個人の魂がどれだけ楽で愉しく感じられるか」が幸福の指標になってくる。そこを手放さなければ、コロナで政治や経済が滅びても、個が生き延びることができます。

存在価値を落とすばかりのメディア

――政治や経済とは別に、メディアについてはいかがでしょう？　何か大きな変化が起こるのでしょうか。

松久　ニュース番組に登場しているキャスターやアナウンサーには、自分が操られているという感覚はありません。むしろ自分はまっとうな、世の中のためになる大きな仕事をしていると思っています。ここがやっかいなところです。お金のために、共生のために、自分たちは操られているのだということを理解し、受け入れているのは、ほんの一握りの上層部の人間だけですよ。実際にテレビ画面に映っている人たちは、分かっていません。自分たちこそ正しいと思い込んでいる。だから私たちが本当の事を言っただけで、大騒ぎするんです。

神原　大きな動きとしては、マスメディアは変わっていくと思います。又、それ以前に国民の方からメディアにNOを突きつけるでしょう。メディアよりも先に、テレビを見ている国民の意識の方が上昇していきますから。

松久　そこがポイントになるんですよ。メディアは変わらざるを得なくなる、ということですよね。メディアを変えようと思ったら失敗します。彼らは権力を持っているので。だから力技ではなくて、彼らが発信するものの受け手側である人たちが、まず変わるってことですね。

神原　そういうことですね。

松久　ただ、そうした仕組みというかシステムを理解している人間が、全人類の何％いるのか。それによって、人類の変化を起こせるかどうかが左右されるというのに……。

神原　そこは少しずつ変わっていく、変えていけると僕は思ってます。僕たちが発信したものをキャッチできる人たちから、早い段階で目醒めていくことになるでしょう。そして目醒めた人たちが、一人二人と自分の意見を発信するようになる。それがどんどん増えていけば、操られた人間たちによる報道も報道機関も、存在自体が淘汰されていくんじゃないでしょうか。

松久　存在価値がなくなっていくよね。人類の進化を邪魔する存在になってしまうので。要するに、これまでメディアが「自分たちの主張こそ正論であり、善だ」と訴えてきたことは、宇宙の意志とはかけ離れたものだった。それは人類の進化と成長を阻むためにしていたこと。つまりメディアの言うことを素直に聞く、良い子を作っていたんです。

たとえばメディアが何か言うと、10人が10人ともメディアが言ったことをそのまま受け入れる。幻にすぎないのですが、それが真実だと思い込んでしまう。そのように作られているんですね。そうすればある勢力による人々の統率がたやすくなりますから。

しかしこれからの弥勒の世では、誰も個を統率できない。メディア発の情報を10人が聞いたなら、そこには10通りの捉え方が生まれることになるでしょう。そのきっかけとして、メディアが見せ続けてきた幻に多くの人が気づき、それをぶっ壊せ、というところから始まるんじゃないでしょうか。

——メディアを操っているものの正体は何なのでしょう?

松久　私はイルミナティやフリーメイソンの意識にコンタクトしましたけれども、彼らは今、非常に穏やかになっています。だから彼らの存在は除外していい。すると「人々に不安と恐怖、怒りを植えつけておくことで、利益を得られる組織」ということになります。そう考えると、多くの団体や各業種の企業が当てはまりますよね。人類の意識が変わってしまうと、彼らは困るんです。収益に繋がらなくなるから。不安や恐怖や怒りを解消しようとして、人はモノやサービスにお金を払うわけです。今までの人類の生き方を変えられてしまったら、自分たちの商売が成り立たなくなる。

神原　これまでの経済は「どうすればビジネスが成立するか」という点を軸に回っています。だから自分たちのビジネスを拡大していくためには、人間の心理に働きかけてモノやサービスに対価を払わせる、という方法をとります。たとえば何らかのモノを買わせたい時には、そのモノがどうしても必要だという心理状態を、人々の中に作っていく。

松久　それがないと不安で怖い、という感覚を作っていくわけですね。

神原　物欲を掻き立てるために、マイナスのエネルギーを一生懸命発信していることになります。

松久　その意識の枠を壊されたら、彼らとしては困るわけですから。

神原　世の中には巨大な企業があるじゃないですか。その企業のいくつかが、そうした手法をとってきたと思うんですね。それがだんだん危うい方向に向かい、それこそ「戦争ビジネス」というものに絡んでくると、国家間の諍いそのものを仕掛ける動きも出てきます。それが、たとえばテロのような形に変化して表れてくる。

松久　病院という組織もそうです。そこでは病気は悪であり、排除すべきものである。医師の言うことを聞かないと病気は治せないし、そのため幸福に生きられない。そういう概念を作り出しているんです。幻影なんですよ。病気はかかってもいいんだ、自分が病気になりたいからかかるんだ。自分が死にたいから死ぬんだ。こんな具合に個の宇宙の意志を広げていくと、病院が成り立たなくなるんですよ。

神原　でも、今回のコロナで一般の人たちにも知られてしまいましたよね。軽症だったら家で待機していてください、薬も飲まなくていいです、病院も行かなくてかまいません。多くの人にとってはいい勉強の機会でしたね。

——医療機関の逼迫やワクチン開発までの時間稼ぎ、という面もあったようですが。

松久　ワクチンはね、あれは圧倒的な勢力なんですよ。あれこそ人類のエネルギーを大きく下げる。生命エネルギーを乱して、下げてしまうんです。すると宇宙と繋がらなくなるんです。水銀が入ってるから松果体《しょうかたい》は弱ってしまうし。ワクチンなんてものはね、人類が個人で生きる能力を下げるだけのものなんです。それでも世間ではワクチンワクチンと、いかにもそれが人類を救うようなムードになっている。総理大臣もマスメディアも、ノーベル賞をとった山中先生まで言ってます。コロナと一緒に生きていくためにはワクチンが必要だという意識が、すでに多くの人たちの意識の根底に作られてしまっています。でも、そこから遠ざからないとダメですよ。コロナを抑圧するという意識のままでいたらダメ。

はばたけ人類と思うんですよ。コロナでも何でも浴びろ、5G電磁波も受け入れろと。なぜか？　それによって遺伝子の書き換えが起こるから。5Gの電磁波は人体に有害とか、あれこれ言われていますが、本質的には受けた方がいいんですよ。ただしそれは、準備ができている人に限ってのこと。不安や恐怖、脅威を感じてビビってる人が受けたらダメ、不幸になります。

――5Gは、中国が世界征服のために使っているという論も飛び交っています。

松久　つまりはそれが、今の中国の役割だということです。言ってみれば、宇宙がシナリオを書くにあたって「よし、ここは中国に悪役をやってもらおう」と考えた。人類を進化させるためにね。それだけの話です。

神原　でも悪役もそろそろ、弱くなってくれないと。優しくなってくれないと困りますよね。

プラスの明るいエネルギーにならないと。

松久　確かに今の人類のレベルから言うと、そういうエネルギーの調整は必要ということですよね。

神原　できれば、早くそうなってもらった方が幸せですよ、人間にとっては。早くプラスの方向に動くように考えていかなくてはならない。やはり気付いた人から霊性を上げプラスにひき上げなければなりませんね。

メディアの正体はいったい何なのか

――現在のメディアの背後にいるのは、自民党政権を叩こうとする中国共産党だという意見もあります。日本の中で日本人同士を争わせようとして、自分の国に憎しみを向かわせるような情報をメディアに出しているのだと。

松久　彼らはそういうことをやろうとしますが、それを「悪者」という姿のままに捉えたら、４次元以上には上がりません。その上の５次元に上げていくには、悪者を悪者のままで捉えていてはダメなんですよ。彼らは人類のために「悪役」という彼らの役割を果たしてくれているんだと捉えればいい。彼らを排除しようとしてはダメなんです。なぜなら彼らの働き、やっていることは必要なものだから。それを受けた時に我々がどう考えるか、その意識が大事なんです。受け入れれば彼らは自然に消えていく。

神原　中国共産党の動きには、あらゆる面で日本への侵略が感じとれます。それも直接ではなく、いろいろな方法で来ていますので気付きにくいです。その中で一番卑劣なのは中国系日本人や日本人を買収してスパイ行為やデモ行為をさせていることです。しかしほとんどの人が、それに気付いておらず火に油を注いでいるようなものだと思います。世の中が無関心でいることほど悪を増長させるものはありません。しっかりと今後の日本を見つめていくつもりです。

松久　宇佐神宮がポイントだったんです。もし3月15日に卑弥呼を開かなかったら、今はもっと悲惨な、違ったパラレルを生きていたはず。それを、のほほんと恩恵をむさぼっているメディアに、思い知らせてやらないといけないんですよ。

――それが先生のお役目でしたね。

松久　だから、文春はあんな記事（注：松久氏と安倍首相夫人・昭恵さんとの繋がりを報道した記事）で私を政界のトップに絡めようとしたんでしょうね。私を政界の黒幕にしたかったんじゃないでしょうか。私が政府を陰で操っているというストーリーで、面白おかしく書き立てたかった。ところが私がその手に乗らなかったものだから、尻すぼみになってしまいましたが。

ともあれ、これからはふるい分けのステージに入っていきますから、個人の識別能力が大きな意味を持ってきます。脳をできるだけ使わない感性を持った人なら、自分に必要なものとそうでないもの、好ましいものや悪いものが識別できると思うんですね。

もう1つは今までの政治、経済、教育、科学、医学などのあらゆる分野に設定されていた「常識」というステージから飛び降り、新たなステージに乗り移る必要に迫られます。とはいえ、今まで3次元で生きてきた人にとっては、自分が立っている場所が世界のすべて。「新たなステージ」といわれても、それはいわゆるスピリチュアルなものなのだろうとしかイメージできず、目に見えないどころか存在するとも思えません。でもそこに飛び乗って、そこで生きていく時代になるんです。そうすると、いつまでも3次元の古い世界にしがみついている人は、新しいステージの地球にいられなくなるんです。

そういうことを、私たちはもっと発信していかないといけない。「あなたたち、次元上昇する人たちとは、もう二度と会えなくなりますよ。あなたたちは古い人たちだけで生きる世界に落ちて、もっともがくことになるんですよ」という具合にね。ふるい分けの結果は、今以上に楽になるか、もがくことになるか、どちらかですから。

神原　僕もそれは気にしているんです。このことを知った時は「なるほど、こうやってふるいにかけられるんだね」とは思いました。でもふるいにかけられている時、「自分は落ちているんだな」と気づいていれば、またそこから上を目指すこともできる。これならまだ救いがあります。でも落とされているのに、それに気づかない人はどうか。それを考えるとちょっと怖いなと思います。

松久　本人たちは落ちてる自覚はないですよね。それは良くないことなんですが、彼らは上昇に対する恐怖心のためか、今までのステージにしかいられないんですよ。

神原　次元上昇する時には、同時に自分の霊性も上げておかないと、上昇に乗っていけない。それを今、皆さんにお伝えしなくてはと思っています。今まで通りにやっていたら、ふるいにかけられ、下がっていくのにそれにすら気づけない。これでは後になって、必ず困ることになりますよって。

松久　「メディアが下がっていくんだから、そのメディアを信じたら、あなたも一緒に下がるばかりですよ」って、言ってやればいいんじゃないでしょうかね。

――でもメディアの中にも、すでに「気づいている」ところもあるのではないでしょうか。

神原　そうですね、たとえばＤＨＣテレビ、これは面白いですよ！　貴重な最新情報がとれます。ただ、ちゃんと見る目を持っていることが大事。正しいか正しくないか、ちゃんと自分で判断でき、自分の情報として取り入れることができる人にとっては、面白いメディアです。

あとは「正論」。編集長の田北さんは何というか、シュッとしたエネルギーをお持ちです。公平で潔く、優しい雰囲気も強さもある。いい感じのエネルギーを持っている人だなと思っています。人でもモノでもエネルギーで見ると、見た目に左右されずに真実が見えるんですよ。

エネルギーの高低が価値基準となる世がやってくる

松久　これからの世の中に存在する価値というのは、モノとかクオリティーとかお金じゃなく、エネルギーが高いか低いかで測られるようになるでしょう。それが価値になる。そういう世界についていくためには、今までの常識と固定観念ってやつを壊さないとダメなんです。

コロナ騒ぎの前、弥勒の世が発動する前の世界は、常識や固定観念を壊す者はダメ人間扱いです。世界から追放され、あるいは抹殺されてきました。でもこれからは逆で、壊す人間が新しい社会の牽引役になるんです。それを人類に発信しないといけないし、そうした理解が広がれば、今までのメディアや社会が作ってきた常識や固定観念は、完全にひっくり返りますよ。

その1つの例が「ウィルスにかかることは悪い事だ」「ウィルスを抑圧しろ」という思考。逆なんですよ。制限ばかりをかけることが悪で、ウィルスは進んで浴びろ、飛び出せ、DNAを突然変異させろ、と伝えたい。今までダメだと思われていたことが、実は好ましいことだったという世界を人々に見せつけて、感じさせてやらないと。そのうち次元降下する人たちとは会わなくなるし、目にもしなくなってしまう。彼らはまたもがくことになりますが、それが必要なんだから仕方ない。さっきからお話ししてるように、どうせ生きるなら楽で愉しい方がいいじゃないですか。だったら、この機会を機に次元上昇するグループに入ったらどうですか、って提案し

たいんですよ

神原　特にこれから人の動きが大きく変わっていくと、「えっ、この人のこと信じてたのに」と感じることが増えていくと思うんです。裏切られた、というような。でもそれは、自分に相手の本質が見えていなかったということ。ですから今のうちに、エネルギーで人を見ることを知ってほしいと思いますね。

松久　私、動画の生配信をしているんですが、今日、配信中に質問が飛んできまして。「地球人の友だちと高次元の友だちって、何が違うんですか」というんです。

――なんて答えられたのですか？

松久　いやもうまったく違いますよ、と。地球人は裏切るし、嘘をつく。自分の状況によってコロコロと態度が変わる。一方の宇宙人はエネルギーを上げることにしか関心がありませんから、常に安定したサポートをもらえる。永遠にね。今までは友人や社会が人を助ける時代でしたが、これからはそうはいかない。自分を助け、高める存在は自分自身以外にいない。ここに気づくことが大事なんです。

今まで「政治が嘘をついた」「民主党に裏切られた」。そんなの当たり前じゃないか、人間は自分の都合のいいようにしか生きられないんだから。それが理解できる時代が来るということなんです。だから高次元の存在……神やエンジェルの知遇を得て、高次元からのサポートを得られるようにしなさい。そうお答えしました。

神原　エネルギーですよね。宇宙エネルギーのサポートを受ける、それができるように努力していくことで、勝手に自分の霊性が上がっていきます。霊性が上がれば、それだけで人生が好転していく。これを理解しておくといいと思いますよね。

松久　逆にエネルギーを強烈に下げるのは、罪悪感や無価値感、不安、恐怖ですね。これらは今、コロナで一番多く出ている感情といえます。

神原　不安や恐怖はマイナスエネルギーなんです。自分が吐いたマイナスエネルギーは重いので下へ沈んでいきます。そうすると空中に漂う同じマイナスエネルギーと結び付いて自分に戻って来ます。ますます不安や恐怖が強くなる。そういう時は意識して自分のエネルギーを上げる努力をする。「ありがとう」「おかげ様です」「うれしい」などの思いを増していきます。あれも有り難い、これも有り難いと数えたりすると良いです。そうすると自然と霊性が上がります。僕は宇宙と繋がる方法を教えていますが、霊性が高くなると自然と繋がるようになるのです。

松久　それに関して思っていることがあって……これは近いうちにオンラインで話しておこうと思っているんですが、メディアを信じたり、今の社会のあり方を肯定してしまう人は、「もっともがきたい」という欲求があるんですよ。自分のエネルギーを高めていくために、魂がもがきたいと感じているんです。もちろん、脳ではもっと楽になりたい、もっといい思いしたいと思ってる。でも魂は違う。「もっと落ちこぼれないと、どん底にまで落ちないと学べない」ということを理解してる。だから不安や恐怖を持つんです。そうした魂には不安と恐怖をずっしり持たせて、どん底まで落とせばいい。「不安と恐怖を抱いて奈落に落ちろ」と、言ってやったほうがいいんです。

それなのに「不安なんかありません、大丈夫、大丈夫」なんてやるから彼らは「そうか、このままでいいのか」ということになる。つまりダメになる。

私の本や動画を見て、気づく人間は気づきます。でも気づかない人間は、もっともがいたほうがいい、ということなんです。すべての人間は救えませんから、仕方ない。

神原　二極化のふるいに落とされた方の人間ですね。でも、その中には上に行きたいと思っている人もいますから。そうした人には丁寧な指導をすることで、どんどん上昇していくと思いますよ。そういう時代になりましたね。

松久　脳も魂も「上昇したい」というのなら問題はないんですが。脳は上がりたいと思っているのに、魂は下がりたいというケースはけっこうあるんです。ここがトリックなんですよ。私が「病気を治したい」「松果体を活性化させたい」という人のエネルギーを読むと、魂はまったく逆のことを言っている。脳の発言していることってフェイクが多いので、そこを見きわめることが大事です。そういう連中はたいていが、中途半端に苦しんでいるために苦しみが足りないんです。

意識を次元上昇させる、降下させるというのは、自分の選択なんです。私の生配信の視聴者の中には、当然ながら今までのように不安、恐怖、怒りを持ったままの人たちがいます。ですから私は最初に言ってやるんです。「愛と調和ですべて受け入れて聞く人は、次元が上がります。しかし私に疑いを持って、粗探ししてやろうと考えている人たちは、この配信を聞くと次元は下がります。次元降下したあなたと私は、今後一生会うことはないでしょう」って。プラスにしろマイナスにしろ、エネルギーを浴びせ続けたら、それくらいのふるい分けが行われる。でもどちらにせよ、自分で決める事なんですよね。今までの世の中にしがみつきたいならそうすればいい。落ちていくだけですけれども。

世間に夢と希望を与える存在のあるべき姿勢は

――ちょっと話が変わりますが、マスメディアと芸能人の関係が昔とはずいぶん変わってきている印象があります。その点はいかがでしょうか。

松久　芸能人って、昔ならスター、まさに花形じゃないですか。世間に注目されて人気の的になっている。でも実は陰で悪いことをやっていた。そこをメディアが暴く。彼らがやってきた悪事を、白日のもとにさらす。

これは悪を叩くヒーロー的な行動ですよね。

でも今のあり方で良くないのは、「叩いて終わり」にしてしまうことです。その後の始末を何もしない。これは本当にたちが悪い。メディアはもちろん、さんざん騒ぐだけの世間の人たちも同じです。叩かれた側が、どんな役割を負っていたのか。そこから何を学ぶべきなのか。そうした考察がまったくありません。

——なぜ彼らが悪役を担ったのか、というところですね。

松久　本当ならば、誰も悪役をしなくていい世界ができれば、それが一番なんですよ。でも今はそんな状況ではない。だから悪役が必要とされるのですが、そこから学ぶ姿勢は持っていないといけないでしょう。

それと、何かを叩いてやろう、潰してやろうという行動からは、次元上昇のエネルギーは生まれません。ですから「悪を叩く」という行為は良いことではないんです。これは私の言う「壊す」とはまったく意味が違うものですから、混同されると困るのですが。

――「叩く、潰す」というアクションは「ウィルスを抑え込む」ということと同じように良くないことだということですね。

松久　芸能人と呼ばれる人たちを、私は尊敬していますよ。誰もがなれるものではないし、さらに広く名前が知られるようになるのは、決して簡単ではありません。それだけの力、エネルギーを持っているはずですしね。

でもさすがに悪事に手を染めるのはいけない。彼らは世間に夢と希望を与える役割を負っているはずなのに、まったく逆の役割を負ってしまったら、良いものを生み出すことはできません。自分たちの役割は何か、しっかり見つめ直すべきでしょう。

――芸能人の不祥事が明らかになると、一般人だけでなく、同業者からもバッシングや誹謗中傷が集中したりします。

松久　誹謗中傷というのは低エネルギーのぶつけ合いなので、それによって傷つく人が出てくるのは当然です。でも同業者ならば誹謗中傷じゃなくて、同じ芸能人としての新しい見方を提唱するべきですよ。この件についてはこういう見方もできるんじゃないか？　こういう考え方もあるんじゃないか？　そこに夢と希望があるのではないか？　歌手にしろ俳優にしろアイドルにしろ、同業・同世代の人たちだけでなくてベテランであれば、また違う見方や考え方も提供できるはずです。自分たちの時代はこうだったけど、今はどうなんだ？　どこで道を間違えてこうなったのか？

昔が良かったとは言わないが、今に活かせる昔ながらの知恵があるのではないか？　いろいろなことが言えるはずなんですがね。

神原　芸能人って基本的に純粋な人が多いんですよ。純粋ってことはプラスに染まりやすく又、マイナスにも染まりやすいということ。一瞬にして影響を受けて染まってしまう。彼らは常に脚光を浴びて、人に対する影響力を持ち、発信力がある。それを本人も分かってるから、自分がいいと思ったことはすぐに自分で発信して広めようとするんです。でもマイナスに染まった状態でそれをやってしまうと、マイナスを撒き散らすことになってしまう。

経済界……外食や医療などの各産業もそうですけど、芸能界も昨今パワーはそんなにないのに、ポンとデビューして脚光を浴びるという人が多くなりました。昭和のスターはものすごい光を発している人ばかりでした。

ああ今、芸能界もふるいにかけられているんだな、と思いながら見ていますが、その状態が良いことかどうか、分かる人には分かるようです。だから、やたらと売れた有名どころの若い人たちが、どんどん辞めていってるじゃないですか。おそらく芸能界にいるのが自分にとって幸せなことかどうか、ちゃんと判断できていたんでしょう。芸能界にいても幸せには結びつかない。そこに気づいた人は辞めていってますよね。

松久　これからはエネルギーの時代ですよ。芸能人も人間という細胞のエネルギーでできてますから。今までだったら芸能人の評価基準は容姿や歌唱力、演技力など、しかるべき能力でしたが、これからはエネルギー。エネルギーを高める人間が表舞台に出てこないとダメですね。

何も語らなくていい、覆面かぶっててもいいんです。バーンとエネルギー体の前に存在しているだけで心が温かくなる、安心する。そういう人たちが出てくる時代になるんですよ。

神原　歌を歌う人も演技をする人も、お笑いもすべてそういう人たちだけが、残ることになりますね。

松久　目に見えない世界を勉強しなさい、ということなんですよ。それも上っ面だけでなくて、もっと深い領域の勉強をね。

華やかさとテレビ画面に映る自分にしか興味がなかった人こそ、目に見えない世界を勉強したらどうだ、と。あんたたち発信力があるんだから、古い時代の振動数や波動だけを発信してたらだめですよ、と。そう言ってあげないと。

神原　その人自身に強いエネルギーが備わっている人だけが残りますね。

10年後は芸能界もちょっと縮小されます。今は肥大しすぎました。強くて美しいパワーを持った人だけが活躍し世の中を明るく照らして下さると思います。

松久　世の中で一番つまらないのは、協賛者、ファンのご機嫌取りしかできないということです。ファンを怒らすことはできないから、常に言葉を選んで発信するんですね。これは言っていいこと、これは悪いこと……。こんなつまらないものはないですよ。さらには、芸能人はテレビ出るため、人気者でいるために、影の勢力、自分のバックが言うことを聞かないといけない。そうでないと彼らは生き続けられないですから。ここが現在の芸能界の、一番の問題なんですよ。

神原　芸能人はマイナスをこれ以上撒き散らかしてはダメ、影の勢力の言うことをもう聞いてはいけませんね。

国家も個人も、相応の役割を負っている

松久　先日、康弥さんの本を読ませていただきました。私も今度、卑弥呼の本を出すんですが、康弥さんと同じく日本のエネルギーには非常に強い興味を持っています。愛と調和、政治経済も含めた世界を塗り替えて原点に返るには、どうしても日本のエネルギーは無視できないです。

日本からエネルギーを発動するというのは、どうも古《いにしえ》から宇宙のグリッドに組まれていたようです。ところがそれを発動してしまうと、海外の勢力が恩恵を被れなくなる。彼らはお金や自分たちの勢力、地位の事しか考えていないけど、実は脳ではなく魂で、日本がこれを発動したら、自分たちの存在意義がなくなると分かっているんです。だから日本を潰さな

いとダメだ、ということになる。
これが超古代から宇宙のグリッドに組み込まれていた。だから私が琉球を開いて龍を救い、霊性の邪馬台国を出させたという一連のできごとは、どうしても必要だった。霊性邪馬台国を出しているから、ウィルスも、5Gも、彼らの魂胆通りに運ばなくなっているんです。

神原 日本のエネルギーは、かなり強く出てくると思うんです。大震災の頃から、宇宙では日本が目醒めることで日本魂を呼び起こし、日本が世界の中で活躍していくこと、日本の魂を世界に広げていくことが、シフトとして組まれていたんです。
さらにいえば、大震災からコロナ禍への流れは、宇宙によって仕組まれていたもの。この流れの中で、神はどういうふうに出てくるんだろう？また地震や津波が来るのかな？　僕はそんなふうに思っていたんですが、それはコロナという形で現れた。今後、日本が世界の中で活躍していく、特に精神性で活躍していくということは、この流れをみれば大いにあります。

松久　今回のコロナ禍がそうなんですね。日本の死亡率が最も低い、罹患率も低い。どういうことかというと、パラレルの中では、日本の罹患率が世界一高いっていうパラレルも存在しているんです。もしくは、日本がヨーロッパと同じくらいというパラレルも。

その中から地球の集合意識がこのパラレルを選んだ理由は、いま日本のエネルギーが世界の中でリーダー的役割を果たす段階にきているからですよ。コロナは宇宙のはからいだから、最も大事なところは壊さないわけです。書き換えないといけないところを壊したり、命を奪ったりして、意識を書き換えるわけですよ。日本人が持つ古の大和魂は、できるだけ守っていかないといけない。それが宇宙の判断だということでしょう。そこをコロナが書き換えてしまうと、大事な部分が書き換わってしまいますから。だから欧米人は全部書き換えられてしまうわけです。

神原　ここからは、日本が世界の注目を浴びることになりますね。

松久　そう、日本の時代が来ますよ。

神原　生活スタイルであったり、文化であったり。精神性は世界で最も注目をあびることになる。

松久　「世界平和に上も下もない」じゃダメなんです。エネルギーは高いところと低いところがないとダメなんですよ。日本はこれから断トツで高くなる。でもみんなが高くなったら調和がとれません。高いところと低いところがあっていいんですね。そこに平等という思想はありえない。貧しい人間はね、わざと貧しい人間に生まれてきて、ろくろく食べる物もない世界を経験しに来ているんです。その時に施しのつもりで食い物出したらダメでしょ。

神原　（笑）

松久　学びに来ている人から、学びを奪ってはいけない。スピリチュアルの連中って「貧しい人を助けなきゃ！」って動いているようだけど、それはただの自己満足。「いい人」になりたいだけではダメなんですよ。

神原　僕は今まさに貧しい暮らしから次元上昇している最中なんです。

子どもの頃は父が母に暴言を吐いたり、暴力を振るう姿を見てきました。母は僕と弟を育てながら、そんな父と戦っていたのだと思います。

そして精神的自立を果たし、離婚調停をして、僕が17歳の時離婚しています。その時僕はとても後悔しました。自分は何かあれば宇宙へ飛び、幸せを感じていました。けれど母は疲れ切った顔で僕たちのために働いていました。自分だけが幸せで母も弟も不幸、そんなの本当の幸せじゃないと思いました。それから僕はいろいろなことを考えました。僕たち3人が幸せになる方法をです。まさに貧しさから抜ける学びです。スピリチュアルでもいろんな発信があっていいと思うのです。それがその人の役目、役割なのだと思いますから。でも僕は現実的なスピリチュアルをやっていこうと思います。

松久　それぞれに少しずつ違うんですよ。ジグソーパズルのピースが全部同じまん丸だったらどうなりますか？　隙間だらけで、絵ができない。それでは調和の世界は存在しないんですよ。そこを勘違いしている人が多すぎる。

みんなそれぞれに個性的な形をしていて、裕福な役割があれば、貧しい役割もあって。それぞれを選んで生まれてきているんです。ですから貧しい国を豊かにしようというのは間違い。彼らは彼らで価値や役割をもってそのように生きているわけです。そこに入っていって、貧者の役に立てたと自己満足している人間がスピリチュアルの連中なんですよ。

そんなことやってないで、もっと自分を愛せ、自分のエネルギーを高めろと言いたいですね。人の事を考えている暇があるなら。今のスピリチュアルの人間って、たいしたエネルギーを持ってる人間はいないです。ほとんどが中途半端。そのエネルギー不足を補うために、慈善をやって、自分をいい人に見せかけているんです。

自分の脳は他人であり、集合意識の結果にすぎない

神原　僕が今思っているのは、スピリチュアルというのがあまりにもふわふわしていて、形のないものなので、そこに形を与える作業も必要だということです。その方法のひとつとして今の僕は本を選んでいるんですが。

松久　それは一番難しいところだよなあ……。康弥さんもよく知ってるけど、形のない、実態のないものがエネルギーだから。でもそれを超3次元の地球に降ろしてきた時に「形がないと見られない」という人間が多いというのも事実だし。

神原　そうなんですよ。

松久　それを形にしたとたんに、本質がほとんど消えちゃいますから。

神原　でもエネルギーをそのままに説明しても、分かんないんですよ、一般の人は。

松久　でも形に落としちゃったら、エネルギーがそうとう下がるじゃない？

神原　下がりますね。地球に合せるということですね。

松久　そこが非常に難しいところでもあるよね。

神原　そこは自分の学びと思うようにしています。

松久　形あるものしか信じない、目に見えるものしか信じない人はたくさんいますから。データとか写真とか。そういう人は、高次元の世界には触れられません。

神原　そうなんですよ。でも、それも意義があるのかなって思うんです。あまりにもふわふわしたものに引かれて、気持ちだけで行動したりすると、まがいものが出てくる要因にもなりかねない。それがまた悔しい部分でもありますから。

松久　まあ、脳を使っちゃうとダメですね。僕が言う「脳ポイ」っていうのはそういうことなんです。完全に脳ポイすると、それこそストリートを素っ裸で歩くようなことになりますから、ちょっとは残しとくんですけど。脳は生まれてこのかた、培われてきた常識と固定観念でろ過した思考しか吐き出さない。言ってみれば、脳は自分じゃない、他人なんですよ。社会で生活する中で作られた集合意識です。松果体で受け取る魂の螺旋振動波こそが、自分そのものであるので。でも今までスピの連中は、他人である脳ばかりを癒してきたんです。

神原　あ、分かる。

松久　脳を癒したところで、魂が本当に癒されることはないんです。

神原　そうなんです。大事なのは魂の叫び。

松久　彼らはフォーカスする所が違っていた、まったく間違っていた。彼らは目に見えることしかできない。スピリッツを掲げつつ、結局は目に見えるものしか見えていない。

神原　そう、そういう人が多いんです。でもそれはスピリチュアルじゃないでしょう。感情の泳ぎでしかない。自分を気持ちよくすることだけに集中してしまって、魂の志を成長させようとしない。

松久　私、たまに言うんだけど、魂は一瞬お喜びしているだけなんですよ。魂のマスターベーションって。

神原　あ、そういう感じ。本当は魂の成長が必要なんです。

松久　一瞬喜ばせて、自分は進化したつもりになっちゃう。

神原　とても由々しき問題です。それは本当の成長ではない、霊性を上げることになっていないんです。僕はそこをやっていきたい。連続講座はそこを大事にしています。

松久　地球上で霊性、次元を上げるためには持続しなきゃダメです。一瞬の喜びじゃなく、継続性が必要。ずっと安定していかないといけないんですよ。

神原　それを知っていけば人は変わります。そして社会も変わります。それは僕にとって非常に面白いことなんです。

松久　人がなぜ進化しないか、できないか、いちばんいい言い方をしましょう。今の３次元の地球人たちは、変えよう、変えようと考えているんですよ。しかし彼らは今いるこの世界、この場所を全否定して、パラレルにばかり意識を向けているんです。「今ここが変わる」という本質に意識をおいていない。だから変えようとすればするほど、変わらなくなるんです。

変わる人間は、「変える」というアクションをまったく意識しません。「今、ここ」だけにフォーカスして、それを楽しみます。そうした人間がいつの間にか、ごく自然に変わっていく。「いつの間にか」というのがキーなんですよ、次元上昇は。次元上昇しようと思っているうちは上昇しません。進化したい、松果体を活性化したい、宇宙と繋がりたい。そんな執着に捕らわれている人はエネルギーが高まらない。絶対に進化なんかしないし、できません。逆に進化できる人は、いつの間にか勝手に進化してます。

神原　それは良く分かります。幸せになりたい、幸せになりたいと思って楽しいことやってみたり、我儘を押し通したり、でもそれではテンションは上がるけど心から幸せだな～、とは感じることができない。それは幸せとは感じるものなので、お茶を飲んで一服するような感じで自然と思うことなんです。特別なことをしなくていい、ほっこりして感じるものなんですね。

松久　目醒めている人は、それを絶対口にしませんよ。「自分は目醒めている、覚醒した」なんて言ったら、そのとたんに低次元に落ちてしまう。覚醒している人にはそういう観点はないと思う。「自分はバカだ、赤ん坊みたいだ」って言ってるくらいですから。

もう1つズバリと言えば、目醒め、次元の上昇というのは、修行してできるものではないです。誰かがやったことをマネして行けるのは、そこまでの次元上昇にすぎません。私が説いているのは無限の次元上昇です。だから形に依るものではありません。規定のコースを修了したからここまで上がります、なんてものではない。それは本物じゃないんです。

――捕らわれない、執着しない、こだわらないことがポイントなのでしょうか。

松久　これから来る弥勒の世の新しい世界ではともかく、現世的にいちばん分かりやすい例を出すと、お金ですよ。近頃では電子マネーだキャッシュレスだといわれていて、近いうちに本当に現金がなくなるかもというとが言われていますが、多くの人たちにとって、お金がないのはたいへんなこと。だから「お金がない、もっとお金が必要だ」って騒いでいる。なんと悲しいスピリッツなのか。彼らにお金がないのは当たり前なんですよ、エネルギーの低い連中にお金は寄ってこないんです。お金だってハッピーになりたいんだから。

だから、これから次元上昇するエネルギーの高い人間には、お金は自分から寄ってくる。その人間を活躍させるために。これから地球が次元上昇するための役割を負っている人間は、宇宙が応援しますから、絶対にお金もまわしてくる。そういうことを知らない連中が「お金を求めるのは悪だ」なんて言っちゃうんだよ。

神原　「我欲をなくす」というのはスピリチュアルの美徳になってるんですけどね。確かに我欲に捕らわれて人を恨んだり妬んだりするような、マイナスを吐き出すようなことはあっちゃいけませんよ。だからない方がいいに決まっているんですけど、あまりにも我欲をなくすことばかりを考えすぎて、意欲までなくしてるんですよ、これが日本のエネルギーを下げている一因なんです。

松久　いま大事なこと思い浮かんだんだけど、脳の欲望を満たす事を今スピリチュアルはやろうとしてるんです、これはエゴなんです。宇宙的な視野から見たら、魂は思いっきりわがままで、我欲しか存在してないんです。我欲以外にないいんです、魂には。自分のエネルギーを上げたいってことしか興味ないいんですよ。我欲のかたまりなんですよね。

だから我欲が悪いいんではなく、表面的な脳の我欲が悪いということで。「お前の魂はわがままであれ。やりたこと、とことんやれ」って事を私は伝えたいんですよね。

神原　魂は成長することを喜びとしますから、自分が次元上昇することを欲求として持っているんです。その欲求までも消そうとして、いろいろなことを諦めてしまい、結果としてエネルギーを落としてしまう。そのほうが楽に生きられると思っているのでしょうがこの風潮をこのまま次世代へ渡していいのですか？　若者に失礼に値いしませんか？　と思います。

松久　スピリチュアルの連中は自分以外の者を救うことばかり言っていて、自分の欲求を抑えつけている。でも自分を救えない人間が、自分以外の他者を救えるわけがない。

神原　本当は意欲が強い人の方が、エネルギーが高いんです。

松久　私を見てれば分かるでしょ、自分の事だけしか考えてない。

神原　先生、それはエネルギーが高いってことですよね（笑）。そういう人は本当にこの世の中で活躍して、そしてエネルギーを降り下ろす人たちなんです。

――本当にそうですね。他者への働きかけばかりで「癒しの画像を送ります」などと言う人たちが多くて。

松久　気持ち悪いでしょ、そういう人たち。魂的にすっきりしないんですよ、彼らのやってることは。

神原　自分を活かしたい、自分を使いたいって欲求でやっていることなんですけど、それこそ彼らの言う我欲になっちゃう。「人に」は余計なんです。自分のやりたいこと、やるべきことに集中したらいいんです。自分のことになると集中できなくなるんですね。

松久　自分を１００％愛してない人間が、人に愛を与えられるわけがない。それが、まったくできてない。

神原　僕がこの仕事を始めた時には、やっぱり「障がい者の康弥さんを支えてあげよう、応援してあげよう」って考えの人たちがすごく多かったですよ。世間的にはありがたいことなんだけど、本当は「ごめん、うざい!!」って感じていました。

松久　そりゃあうっとうしいよね。そういうことなんだよな。

神原　障がい者の康弥さんという色眼鏡で見られることに腹立たしさや寂しさを感じていました。人と自分にどうしても壁を感じてしまい、自分は人に理解されにくいという思い込みができて外すのに時間がかかりました。もしかしたら、だからこそ人の前に立つことを選び「違うんだ、障がい者だって普通の人間」と言いたかったのかもしれません。

松久　人を助けている自分にうぬぼれるって事は、自分を客観的に見てることでもあるんです。人を助けている自分が素晴らしい、と。でも魂は自分を客観的に見ることはできない。本質に入ったら無の状態になりますから、他人の事なんてその思想にはないし、自分の感覚、内観しかありません。人を助けるなんて余裕はないんですよ。つまりは浅いんですよ。

神原　そうですよね。本当に自分を高めようとしたら、周りの人なんか目に入らないもんです。自分の事をやらなきゃいけないし、それで精一杯だと思います。

松久　今のスピリチュアル界は一度抹殺した方がいい、一掃しようと私は言ってるんです。底辺の奴らなんか救わなくていい、全部落とせ、上がりたい奴だけを救え、と。

神原　そう、そう。僕の所は少ないですよ、今は本当に上がりたい人しか僕の所には来られないから。だから少人数になる。もうちょっと来てほしいですけどね。もっとみんな意欲を持とうよ、元気に自分を上げようよと思います。

松久　まずメディアから変わらないといけないね。たとえばテレビでの見せ方です。何か事件があって、こいつがやった、という時に「良い悪い」で断罪するんだけじゃなく、「悪役をしているこの人から、私たちは何が学べるのか」っていう視点を持つ。

米中の睨み合いは、精神性なき不毛なぶつかり合い

――現在、米中の睨み合いが続いていますが、テレビの中では見方によって、中国もトランプも悪役扱い、さらにディープステートの動きに言及する説もあります。これも世界の中での役割ということでしょうか。

松久　もともと中国は古いエネルギーを持っています。対してアメリカは新しいエネルギー。別の言い方をすると、エネルギーが黒くしがらみがある世界が中国、エネルギーが白くしがらみがない世界がアメリカですよね。その見方で言えば中国は悪役です。アメリカは善悪からめて世界を救う役回り、ということになります。どちらが良いか悪いかというわけでは

ないんですよ。アメリカには新しい良い部分があるし、中国には古き良き部分がある。でも今は、新しいアメリカの悪い部分と、古い中国の悪い部分がぶつかっている。お互いに、それぞれの良い部分は見ないようにしていますから、これでは絶対に良いものは生まれてこないんです。悪と悪とがぶつかった場合には、必ず分離と破壊に向かいます。これはアトランティスが消えた流れと同じで、そこにしか行かない。

——悪いところ同士がぶつかるとは、最悪ですね。

松久　米中の今のぶつかり合いで語られているのは、物質やテクノロジーばかりで、精神性を語っていないんです。でも精神性という面では、本来は両国とも良いものを持っている。中国は歴史が培った深い精神性があるし、アメリカは若い国だけに新しい物を受け入れる進取の気風がある。

それぞれに良いものがあるわけです。

しかし今の米中はそうした意識の根底にある精神性から目をそらし、お金だ石油だと物質ばかりにこだわっている。これでは行き着く先は分離と破壊、アトランティスの流れです。

――この状況を、変えることはできるのでしょうか?

松久　変えるべきかどうかということは別にして、変わる可能性があるとすれば、アトランティスからレムリアの流れへの転換でしょう。日本が持つ特性、縄文の流れで、「互いに良いところがあるはずだから、そこに目を向けてみたら?」と働きかけることができれば、変わる可能性はある。それは、日本が世界の中でそれなりの位置を占めることでもあります。

これまでの世界は比較競争の社会でした。経済も教育も全部そうです。

でも比較競争社会がこれからなくなっていった場合、たとえば今の米中には「中国はこういうところがいい所でしょ」「アメリカはこういうところがいい所でしょ」と指摘できる。シリウスの教育ですね。シリウスは、良い所を見て悪い所は全部捨てる。良いところを全部見捨てて悪いところを攻撃する、というのが今の世界ですから、それとは正反対です。

世界の国々はいい所だけ見て、いい所をお互いに享受しあう。「日本はいい所をあげるから、お前、これくれよ」と。自然にやっていく。分離破壊から融合へ向かうんです。

——そうした国際関係ができれば、国力を背景にした力ずくでの外交交渉などは不要になりますね。

松久　今までは国が統合してきたんですよ。力ずくで他国を抑え込んだり植民地にしたり、国民を指導者の勢力に引き入れてきたり。そうではなくて、国同士がお互いの独立性を認めた上で、エネルギーでやりとりするのが融合なんです。個と融合なんです、前から言うように。

個が先立つと、国と国との間にも比較が起こる。「あいつらの国には美味しい物がたくさんあるけど、俺らの国にはない」「あいつら資源をたくさん持ってるけど、俺らにはない」。

そうした比較が不安や恐怖を生むんです。でも資源がない国が資源豊富な国と同じ生活をしようとするから、そうなるんですよ。資源なんか、なければないでいい。米中でいえば、中国は中国式のライフスタイル、アメリカはアメリカ式のライフスタイルで暮らしていけばいい。それぞれの環境に見合ったスタイルで、そうしたスタイルに変えていけばいいんです。これをやらずに「みんな平等、みんな同じ」が世界の価値観になっちゃったからおかしなことになったんです。価値観のふるい分けですね。価値観のふるい分けが重要になってくる。

神原　アメリカと中国の関係性は、これから日本にも関わってくるので、よく見ておかなければいけない問題だな、と思っています。ちょっと前まではアメリカがトップスターのようなエネルギー、またきらびやかなエネルギーを放っていた。

中国は共産主義で、差別的行為の蔓延するマイナスな国であるということが世の中には分かっていたけれど、その中国がどんどん力を高めてきて、今や世界に影響力を及ぼす国になってきている。こうなると世界の注目はアメリカと中国に集まってきます。

その中で、トップスターだったアメリカのエネルギーがだんだんと弱くなってきている。中国とやりあう中で、窮地に立たされながら世の中を光に変えようと必死になっているのが今の現状です。

はっきり言って、現在のアメリカは光のエネルギー、中国は根強いマイナスのエネルギーをぶつけ合おうとしている。この戦いが、これから起こると思うんですね。

この中で日本がどういう姿勢を貫くのかという点が、まず一番の問題だと思います。光であるアメリカと意識を合わせることができるか。日本は長い間「戦争をしません」と言ってきました。そしてそれが正義だと思ってきた。しかし次元を上げることで悪に対しNOを言わなければならない。それも戦争をも辞さない覚悟を持って。又、日本は独立国家ですから独立国家としてのポジションを貫き通さなければ次の時代は消えていく。今が正念場ではないでしょうか。

政府の動きはもちろんですが、これからは国民意識が世の中を変えていきます。国民が何を考えて、何を自分の中に求め、何を発信しているかによって、アメリカと中国に影響を及ぼします。日本を守って行くためには国民一人ひとりがどんな生き方をしたいのか、私たちにとっての幸せはなになのかをしっかり考え、行動しなければならないのだと思います。

日本主導でスーパーハピネスを実現できる！

松久　今まで日本は資源がない国だ、国力が弱い国だと、世界から低く見られてきました。でも逆に言うと、何も持ってない方が精神性は高められるんですよ。その意味で日本はチャンスを迎えているし、私や康弥さんの役割が重要になるはずです。

神原　僕は幼い時から神々の言葉を聞いて育ちました。ヨーロッパ系、アメリカ先住民の神と精霊、アフリカ神。国々にそれぞれ神と言われるものが存在しています。そしていろいろな神とコンタクトしてきましたが、しっくりくるのは日本の神、天照大御神なのです。なぜなら僕は、もともと天照大御神の血を受け継いだ子孫だからなのです。

それは大げさな意味ではなく日本人のほぼ全員がそうなります。ですから日本の神々の考えや宗教観、自然への愛など、分かりやすく魂のパワーとして入ってきます。

僕は自分自身、そのことを誇りにしながら天命を全うさせて頂いていますが、自分の可能性を引き出し学びを深めようとする時、神との対話を大事にしています。もちろん自分との対話も怠りませんが、神の言葉に癒され元気付けられたりもします。そうやって自分を輝かせ、真っすぐな光でありたいと思っています。

それが世の中のためになるのであれば、なお喜ばしく思います。そして光輝く人が多く存在すれば、日本はもっと活気に満ちた魅力的な国になると思います。又、日本の天照大御神は皇室の祖先であり、天皇がその役目を担い強い光の存在でもあるのです。そのことを国民が理解し重んじることで、天皇もお喜びになり、ますます国の繁栄への道を歩むのではないでしょうか。

松久　メディアも変わらないとね。新しい番組を作って「これからのライフスタイルの基準はこうなる！」って、日本から世界に発信するんですよ。「これまでの常識、固定観念は全部なくなる。こういう価値で生きていく人間が、これからは救われる」と、どんどん発信していくべきだ。お金のような、共通したモノを基準として豊かさを測るという常識がなくなるんだということを。お前の国は米がいっぱい獲れるじゃないか。お前の所は羊がいっぱいいるじゃないか。お前の国には美しい観光地がたくさんあるじゃないか。それぞれが自分の自意識、プライドを持ち、それぞれの枠の中で100％生活して幸福感を感じていく。世界共通の基準じゃなくて、それぞれの基準でいいんですよ。固定された指標にあてはめるんじゃなくて、個人や個々の国が規定する幸福。それに照らして幸福かどうかを測る。それがスーパーハピネスということでしょう。

神原　国々が自立の道を歩み始めるということですね。そもそもアメリカが弱い国を支えるという考え自体が可笑しな話で長い間、日本とアメリカはそんな状態でした。考え方や価値観を無理矢理アメリカ寄りにしてきた。そのため日本人は無条件で平和が与えられていると勘違いしている。政治家さえそうです。でもそれはもう通用しない。幻なんだと気付かないといけませんね。

松久　今年、来年がキーですね。だから私がメディアで、あんな扱いを受けたわけだ……。実は今日、はせくらみゆきさん（注：画家・作家）が突然いらして、例の文春の話になったわけです。そうしたらはせくらさんが「先生がどうしてこうなっちゃったか、エネルギーで読みました。『悪役を利用する』ってことなんですね」っておっしゃるんですよ。私の高いエネルギーが悪役という役回りを利用することで高いエネルギーに転換され、結果として今の世の中に出やすくなった。それを彼女は読んでいて「先生、ご苦労様です」って。

神原　ということは先生、もう発信力強めた方がいいってことですよ。

松久　そうです。これでいっそう強まってくるんです。これで私はどんどん行きますよ。今のメディアじゃ人類のエネルギーを下げるだけだ、いいかげんに勘弁してくれ、身を引いてくれと。それくらいのこと言っていかないと、彼らは同じことをやりますから。

――先生を叩いたエネルギーはアメリカというよりも、韓国、中国からのものではないのでしょうか。

神原　韓国、中国は強いですよ。

松久　日本の総理の位置が、日本を目醒めさせるために重要なポジションなんです。日本を疎ましく感じている国からすれば、これは怖い存在。だから潰せ、ということになる。特に韓国や中国は日本が世界の筆頭になることを恐れていますから、なんとかそれを阻止しないといけない。そうでないと日本が前に出ちゃいますから。

神原　日本はプラスのエネルギーを持っていますから、マイナスエネルギーの人たちからしたら怖いんですよ。だからプラスエネルギーと見て取ると潰しにかかるんです。

松久　日本が出ていくと、彼ら自身がなくなってしまうからね。

神原　そう、プラスのエネルギーを見るのが怖いんです。だからプラスのエネルギーを見ると、成長しないうちに潰しにかかる。大きなエネルギーになられたら困りますから、そうなる前に潰そうとするんです。

松久　彼らは地球の余計なお荷物たちではあるけれど、潰そうと思ったらだめですね。彼らは勝手に自滅していきます。そのためには、自分たちの大元がエネルギーを上げればいい。そうすれば彼らは必要なくなるから、自然に消えていくんですよ。潰そうと思うと、余計なところにエネルギーが注ぎ込まれ、それが彼らの生き返る力になっちゃう。

神原　自然に至るってことですね。

松久　はせくらみゆきさんが「先生、パワーアップしちゃいましたね！」って（笑）。私、これまでの人生の中で、あれだけ弱った経験がなかったから。

それでもう1つ思いついたんですが、中国の古代……紀元前後のあたり、卑弥呼が出たあたりね。あの時は魏の勢力が強かったから、邪馬台国とは上下関係があったんですね。中国は超古代から自分たちが上だと信じている。これは魂的な、超潜在意識として持ってる。でもそこには妬みがあった。超古代から持っていた妬みがあって。あの時、卑弥呼を潰した神武天皇系の統一勢力っていうのは中国のエネルギーを持ってましたから、それで卑弥呼を潰しにいったんです。
そこで卑弥呼と真の天照大御神のエネルギーを開き中国を乗り越えるために、「今こそ中国のエネルギーよりも、大和のエネルギーを出させよう」と、そのために大分で決行しました。でもそれまで、どうして中国の下でやってきたのか。それは真の天照大御神じゃなかったから。ニギハヤヒ神で、ニセの天照大御神が伊勢神宮にかくまわれてきたから、だから中国は上を行けた。でも真の天照大御神が宇佐神宮から出たから、中国は日本にかなわなくなってきた。

神原　先生、そこもっと詳しくいきましょう。

松久　天照大御神のエネルギーを継ぐ卑弥呼の第1代は、紀元前850年に就任しています。私のリーディングでは卑弥呼の全盛期は第11代なんです。その11代の時に、民衆があまりに卑弥呼になびくものだから、神武天皇系の統一勢力のエネルギー、日本を治めようとしていたエネルギーは、卑弥呼が邪魔になった。そこで第13代の卑弥呼を抹殺したんです。その時に統一勢力は「自分が真の天照だ」と宣言した。卑弥呼は天照と繋がっていたんですが、それは偽物でした。ニギハヤヒ神を統一勢力側のサポートにつけて、ニギハヤヒ神を天照大御神に見せかけてきたんです。

真の天照大御神はつい最近まで、完全に岩戸に閉じこもっていました。卑弥呼第14代のエネルギーを持つ私が、大分の宇佐に行って、目醒めさせました。

神原 それは、いつですか？

松久 今年（2020年）の3月15日、正午です。私たちが大元神社に行って、最後に宇佐神宮に行った直後の正午に、大きな地響きがしたようです。少なからずの人たちが、それを体験しましたが、ニュース速報も流れない。物理的な地震ではなかったんです。その時、霊性邪馬台国が出て、日本が世界のリーダーになることが決定づけられた。だから今、中国はあせっているんです。

神原　僕は3月18日に、宇宙から「コロナは終息です、宇宙は起動変動します」というようなメッセージを受け取っているんです。次元上昇の示唆のようにも思ったんですが、関係があるのでしょうか。

松久　3月15日に開いた後だからですね。大いに関係あります。でも、すでに次元が変わっていたんです。卑弥呼も真の天照大御神も出た。だから中国もアメリカも、すでにエネルギーでは日本にかなわないんですよ。

霊性邪馬台国のエネルギーは断然高いんです。ですから米中のやり合いにしても、日本はただ見ていればいいんです。

――とはいえ、日本の政界の中には親中国の勢力が多くいます。自民党の二階幹事長は代表格ですが。

松久　今までは中国のエネルギーが高かったから良かったけれども、これからは……。自分たちよりも低いエネルギーの集団に親しくしたところで、メリットはないんだよね。

神原　政治家の皆さんは民意の動きに鈍いですね。民意はコロナから随分政治に関心を持つようになりました。今後、政治や経済が冷え込むとデモや暴動の恐れも出てきます。困窮する時代は必ずありますよ。日本だってあり得ます。政治家の皆さんには、私腹を肥やすことばかり考えてないで、しっかり働いていただきたいです。でないと簡単に落選しますよ。次の総選挙はびっくりするような人が落ちると思います。

これからの時代こそ、自分を見つめ、魂を磨く機会

——最近の世界の変化について、天照大御神さんは何か？

神原　天照大御神さんは、今は俯瞰して見ています。コロナ禍が本格化する少し前、1月か2月に言われていたのは「次元上昇が始まりますから、康弥さんはお仕事を頑張ってください、準備しておいてください」ということでした。3月18日に「コロナは終わりです。でもここからスタートで次元上昇に入りますので、康弥さんよろしくお願いしますね」。よろしくお

願いします、って言われても、僕が何をすればいいのか……。すると「康弥さんは自分の好きなことをしていればいいですから。それだけで魂の成長があります。それは国民全員の成長です」と。責任重大じゃないですか。そこに正直不安はあるんですが、気楽に楽しめばいいや、って僕は思っています。僕が「困ったぞ」となると、日本全体が「困ったぞ」になってしまうわけですから。だからなるべく困ったり迷走したりしないように、自分を整えることを一生懸命やっています。

――日本全体を背負うとなると、確かに責任重大ですね。

神原　だから自分のことを一生懸命やる。こうなっちゃうと、それしか手だてはないんです。天照大御神はいつも僕の側にいて優しく指導して下さっています。いつも一緒なので寂しさを感じなくなりました。その代わり強い心が生まれてきています。いつも言って下さるのは「人は尊い存在であり、康弥さんも又、素晴らしい人なのです。口に出して言う言葉や文章を考える時は自分の崇高な部分を捉えなさい」です。人の考えや志向には上から下までかなり幅があり、まるで違う人のように思えるぐらいの差があるのです。「その幅の一番上を感じながら言葉を紡ぎなさい」と言います。

空海は僕にとって守護霊になります。空海は「何も恐れず挑戦しなさい。実践からの学びは何よりも糧になる」と言って下さいます。この2つが今最も心掛けていることです。

いつも、この二人の存在を感じながら生活をしていると安心感があり、有り難いな～と思います。

まだまだ自分を高め生きる場所を変えたいという強い思いがあります。焦りは禁物ですが、これからも大きな変化が来るだろうと思います。僕にとって死は怖いものではありません。子どもの頃から行ったり来たりしているので、あちらの世界には慣れています。死をもってあちらの世界に行った時も大きな変化があるでしょう。それにしてもやるべきことをきちんとやって死にたいと思います。

松久　病院はない方がいいんです。魂が病気になりたいからなる、死にたいから死ぬんですから。病院なんか行かず、家で生活するのが一番いい。もう1つ言うと、今の世の中で次元の低い連中というのは、何かというと政府を頼りますよね。それも横柄に「金よこせ」とか「自分の仕事を助けろ」とか。自分がいかにも悲劇のヒロインであるかのように訴えて、以前の生活を取り戻そうとする。本当に次元が低い。

私の高次元の視野から言うと、政府は何もしない方がいい。個人の生活に対してはオブザーバーでいいんです。すべては宇宙のしわざなのだから、それによって仕事をなくす人間はなくす必要があった。病気になる人も、いろいろな不都合が生じる人もいるけれども、すべてはその必要があったからそうなったわけです。そこから魂は究極の学びをする。下手にサポートしたら変化が小さくなって、学びや気づきが減ってしまう。僕の視点から言うと、政府があるからダメなんです。政府なんかない方がいい。この発想には3次元はほとんどついてこれないよ、言うと抹殺されますからね。

でも本当に魂の次元から言うと、政治なんてしょせんきれいごとですよ。だったらいらない。人は魂が選択したことしか体験しないんだし、それは魂の学びのチャンスでもある。だからナチュラルに体験させてあげればいい。アナスタシアじゃないけど、食べなくても生きていけるんだから。

魂を本当に見つめるためには、お金から遠ざかって、物質から遠ざかって、普段の生活から遠ざかるのが、もっともいいと思う。そのためのチャンスなのに、以前と同じ生活を取り戻そうとしている。次元が低い地球人の考えそうなことです。そんなことしてる間に目醒めたらいいのに。

――生活というところで見ると、今回のコロナ騒動で派遣の人たちが困っています。しかしそれは時代背景という要素はあれ、自ら選んだ状況でもあります。

松久　切られる必要があるから切られるんです。あなた、一度切られて自分の魂を見つめ直しなさい、ということでしょう。

神原　たぶん、自分を見つめる時間として今を与えられていると思うんですよ。自分が幸せな働き方とはどんなものなのか、多くの人は考えているんじゃないでしょうか。大自然の中で働くのが幸せなのか、大都会でバリバリ働くのが幸せなのか。幸福の形が多様化してくのも今後の流れですよね。それはとっても良いことだとたのしみにしています。

松久　ふるい分けによって、僕たちがコミュニケーションするのは全人口の15％。その中からは、今までの概念にない新しい職業が生まれてくるでしょうね。プロフェッショナルな職業として。自分の次元が上昇し、エネルギーを上げることによって、本来自分にしかできない能力に一人一人が気づき始める。やがてそれが仕事として成立するようになる。

そんな状況が目前にあるのに、人に使われている仕事をやっている人間が偉そうなこと言うなって話ですよ。仕事がなくて困ってるのは自分の能力がないだけだろう。エネルギーを上げろ、康弥さんの講座を受けろと言いたいね。

神原　（笑）。ありがとうございます。

松久　エネルギーが低い人間がそれを上げようともせずに、わがままばかり言っている。みすぼらしい限りですよ。

神原　自分のエネルギーを職種にしていくとなると、そうした価値判断になりますよね。

人に使われるっていうのは決して悪いことではない。人に使われて霊性を上げていくのも、１つの方法だと思うんですよ。その後に起業していろんなこと気づいて、さらに霊性を上げればいいし。方法はいくらでもあるんです。でもスピリチュアルの人たちって、働くことがマイナスだと思い込んでいる節がある。それは違うでしょう、学ぼうと思ったらどこでも学べるし、上げようと思ったら霊性はどこにいても上げられる。その枠を取っ払えよ、って僕は思います。まあ世の中には変なスピリチュアルがいっぱいありますよ。

松久　人に操られなければ生きていけない人間は黙ってろと私は思うね。自分で生きていける人間だけが意見を言えばいい。それを誰の意見も平等になんて言い出すから、社会がおかしくなる。とんでもない間違いですよ。

神原　霊性の低い人、上げようとしない人に限ってモノを言いたがるんですよね。一生懸命上げようとしている人は自分のことに精一杯で、そんな暇はありません。

松久　そういう人間はふるい分けで85％に入るから。抹殺されて、これからは会わなくて済むからいいんですけどね。

神原　面白いですよね、こういうしくみって。霊性もエネルギーも低いままに迷走して、困った人が他者をバッシングする。低い人たちの特徴なのかな、って思っています。

松久　自分以外のことばかりに興味を持つ人間は、すでに次元が低いものです。地球でも次元が高い人って一部にいるけれど、そういう人たちはたぶん自分以外に興味はないと思う。

神原　人の見分けかたの1つですね。

松久　それに自分以外のことを言いませんし。

神原　見てると面白いですよね。あらあら、この人……って。

松久　一番低いのはね、そのへんでランチ食べているママさん連中ですよ。彼女ら、自分の事なんか話してないもん（笑）。「困ったわ、あの人」って、他人のことばっかり（笑）。エネルギーが低いよ（笑）。

人間の多くは低次元がほとんどでしょ。それが群れるから共鳴して、ますます下がる。このタイミングでコロナ禍があってちょうどよかったんです。一人の時間が増えるから、いろいろなことを学ぶ時間や気づく機会ができた。

私は人に触れるとエネルギー下がるから、嫌いなんです。だから死ぬときは山の頂上で、虫の音と小鳥のさえずりの中であの世に逝きたいと思っています。

神原　気持ちいいですよね。

松久　最期は人に見守られて……なんてさ、雑念に囲まれて逝くなんて、ぜんぜんハッピーじゃないと思うよ。人っていうのは本当に脳で考える生き物で、自分のメリットでしか生きてないからね。コミュニケーションには気をつけたほうがいいですよ。

あるべき場所に魂を戻すことこそ、生きる意味

神原　ちょっと話がずれちゃうかもしれないんですが、僕この頃、宇宙根源と対話している時に、宇宙根源と自分を感じながら対話してたんですよ。最近、宇宙と対話しているうちにだんだんと自分が消えいって、なんにもなくなる感覚になるんです。ハッと気づくと、また戻ってきてるんですけど。

松久　それは、楽で愉しい「ぷあぷあ」ですねぇ。

神原　そう、そうなんです。

松久　ぷあぷあって現象は、自分以外のものは感じられないの。超高次元の大元はそこなんです。

神原　ああ、それを最近感じていて。

松久　対象物や自分以外の存在を作るのは、だいぶ次元を落としてきたところです。

神原　やっぱりそうなんですね。その最中には、これは最高次元の所にいるのかな、って感じていたんです。

松久　最高次元に行くと自分の意識がなくなりますね。

神原　そうなんです。無の状態。

松久　ただ存在している、感情がないんです。

神原　姿も見えなくなるような感じがして。かなりの時間も経っていたと思うんですが、やがて宇宙根源が「康弥さん、そろそろ時間ですよ」って知らせてくれるんです。すると自分が「あっ」って出てきて、そのまま寝床に戻るんですけど。

松久　康弥さん、宇宙の根源、大元、ゼロポイントに近い所にコンタクトとっているのは、とても素晴らしいですね。それは宇宙の芸術であって、地球上でこれができる人っていないんです。ほとんどは超高次元……ここが地球とすると、だいたいこのへん（注：距離感を測りながら）でコンタクトとっています。『かみさまは小学5年生』のすみれちゃんは、だいたいこのあたり。僕と本を書いたかなほちゃんは、その上に行っていて、康弥さんはもっと高い所まで行ってるからね。どこの次元とコミュニケーションしているかっていうことは、非常に重要です。

ここだと善悪ばかり言ってくるんですよ。「これはダメだ」ばかり。これは役立つ時と役立たない時がある。

神原　そうすると、宇宙根源との会話もなくなっちゃうんですよ。何にもない。

松久　そうだね、ただ見守るだけになる。下手に中傷しなくなる。

神原　初めて体験した時はすごくびっくりしました。

松久　ツイッターで中傷する連中なんて、3次元よりも低い2・5次元くらいなんです。超低次元。お前ら、この地球によくいられるなと思うよ。

神原　それを経験すると、自分の頭の中、からっぽになっちゃう。何にもなくなってしまう。怒りも悲しみもなんにもなくなって、ぽわーんとした感じで、気づくと寝床にいるという感じです。考える力もなくなりますね。最近それを体験して、これは楽だな、と思いました。

松久　魂はそこへ戻りたいんですよ。そこに戻るということこそ、生命が生きる唯一の理由なんです。生きる理由って、本当にそれだけです。魂が記憶している安らかな場所、そこへ戻りたいがために生きる。
そのためには次元上昇するといいんですが、いまメディアが言っているとおりにして、マスクして自粛して生きていると、どんどん次元を下げるんですよ。死んでしまっています。

神原　あれを経験すると一週間ぐらい幸せだな〜、ありがたいな〜って涙が出るほど思うんですよ。あれが本来魂が感じていることなのではないでしょうか。

松久　それ知っちゃうと、この地球に生きているのが辛くなります。私はいつもそうです。

神原　マジですか（笑）

松久　面倒くさいよ。もう息をするのも面倒（笑）。

神原　そういう時はなん度も宇宙に行ってエネルギーを万全にしたら良いですよ。

松久　あのメディア騒動で、いっそ消えたいと思いましたもん。

神原　（笑）

松久　近ごろは復活してきましたけどね。まあ地球は重たい、そういうところなんですよ。

神原　ゼロポイントに行くと復活が早いですね。

松久　ゼロポイントって、ほとんど行ける人いないですからね。もしも行ってしまったら、地球には存在しなくなります。

神原　あ、そうなんですか。

松久　ゼロポイントって、空間にただ浮いている感覚。何もなくて、楽で愉しい。過去も未来もない。ここだけの自分しかなく、でも自分もない。自分の存在はあるんだけど、ないんですよ。その状態に行くと究極に楽で愉しいんです。楽だけじゃなくて、愉しい。１回味わってしまうと、もうやみつきどころじゃなくて、魂が戻りたくて戻りたくて仕方がなくなってしまう。でもそこは果たすべき使命の重さとのバランスでね。使命がここにいるための重しになってる。

神原　使命は重いですよ。まだまだ事は為していないです。

松久　だからここに残っているんですよね、我々は。やるべき事はまだ始まったばかりで、いよいよこれからが大舞台ですから。

神原　これから頑張んなきゃいけないですね。僕はゆっくりでいい、しっかり足あとを残すように生きていきたいです（笑）

松久　私たちの「頑張る」は「楽しむ」だからね。楽しんでいると次元上昇するんですよ。地球人がよく言う「頑張る」には「嫌だけど我慢してやる」というニュアンスがあるけど、それだと上昇にブレーキかかってしまうんです。だから私は頑張らない。いっさい頑張りませんね。

神原　そうですね、楽しもうと思っています、仕事も。実は僕、今まで仕事が嫌で嫌でしょうがなかったんですよ。やっぱり人の影響を受けてしまうので。自分の体も気分も重たくなってしまって「この仕事しんどいな」なんて思ってたんです。でも「仕事すれば軽くなるって思えばいい」というところが分かった。仕事すればするほど、楽しい。そう思えばいいんだって。このスタイルでやっていけば、いくらでもできるだろう、これでいこう、と思ってるんです。

松久　そうなんですよね。

神原　意識の問題ですよね。自分がどういうふうに物事を捉えて、どうやって楽しむかって事に集中して考えていく。

松久　高次元のポイントに入ると、自分の事しかできないですよね。他人を絡めるとうまくいかなくなる。それが分かると、もう人と群れることはなくなります。群れをなす人間は次元が低いですからね。次元が高い人や上げている人は、たいてい一人でいるものです。

神原　それはそうですね。僕が生徒さんに言うことの1つに「孤独を好きになった方がいいよ」ということがあります。孤独にならないと、自分を高める力になりません。絶対に孤独であるべきだと僕は思っていて。1

つの役目を果たすためには、孤独を楽しみながら、自分をまっとうしていくことが大事だと思っているんです。

松久 そこは今回のコロナ騒動で現れた良い面ですよ。夜の街で酒飲んで、周りとじゃれ合ってワーワーやっている所でしか、好きな事を言えない連中が、外に出られず家の中に閉じこもるわけです。良い機会なんだから、自分を見つめ直してみろ、ってことですよ。

神原 そういう意味では、いい時間でしたね。家族と一緒にいるにしても、お家で、ゆったりすることで、自分見つめを始められるいいきっかけではなかったかな。

進化の先でクリスタル化を果たす、ネオヒューマン

松久　コロナが壊す前の弥勒の世の前の世界では、人は一人では生きていけない、他者の力が必要だ、横の繋がりを大切にしろって言われていた。これではいつまで経っても、低次元の奴に足を引っ張られ続けることになる。しがらみなんか、全部断ち切った方がいいです。その上で、繋がっていたい奴とだけ、離れたところからエネルギーで共鳴したらいい。低次元との横の繋がりなんて持ってたら、引きずり下ろされてエライ目に遭いますよ。決して一くくりにはできないけれど、人間ってそういうもんだと最初から思っておけばいいんです。

神原　僕たちは別世界に生きているから、人間世界とは交わりたくても交われないんです。分からないんですよね、人間社会の人たちの真理とい

うものが。えっ？　って思っちゃう。人間とは不思議な生き物でプラスの人もいればマイナスの人もいる。自分にとってプラスでも他の人にはマイナスになる。人間も奥が深いです。どの人と一緒にいるのが幸せなことか、自分で見分けなければなりませんね。

松久　この先の話をすれば、人間が人間じゃなくなっていきます。上昇していくと人間はネオヒューマンとして、クリスタル化が進みます。炭素が珪素《けいそ》になってくるので。炭素が珪素化すると、電磁波や放射線の影響を受けなくなります。体が水晶になってくるから。今は人間の肉体が炭素やたんぱく質で構成されているから、害を受けるんですよ。電磁波にしても放射線にしても、ウィルスにしてもね。水晶化したら感染もしないし、電磁波も放射線も害をなさない。

次元上昇するとどうなるかというと、人体の炭素がどんどん減って珪素化していく。珪素になってくると半透明になってくる。見えなくなってくるんです。ですから人間がはっきりとした形を持っているうちは、たいしたことないんですよ。出口王仁三郎《でぐちおにさぶろう》も言ってたでしょ。やがて水晶化する世の中になるって。私は3年前に『水晶化する地球人の秘密』って本を出しましたが、そこに詳しく書いておきました。

珪素は原子番号14、原子番号6の炭素にマカバスターの電子が8個入って14個の珪素になり、珪素化していく。どんどん珪素化してくると、食べなくてもなんともなくなる。そうすると地球での争い事が減っていくんです。

神原　高エネルギーの水晶を敷いたお部屋で5日間過ごすということを、実践したことがあります。その最中は睡眠時間が半分くらいで済んでしまうんですよ。

松久　そういうことが起こります。眠る必要もなくなっていきます。反重力になるんですよ。

神原　食事もほとんど必要なくなっていく。朝は青汁、お昼はご飯と味噌汁とお漬けもの、ちょっとしたもので十分になります。

松久　おそらくコロナのＲＮＡは、人間のＤＮＡに入って珪素化、クリスタル化を促進していく作用を持っているのではないでしょうか。

神原　エネルギーが高い場所だと、食事も睡眠も少なくていい。それでピンピン元気に過ごせるんですよ。エネルギーが高い所にいるってことは、すごい大事なこと。

松久　今までは宇宙の叡智エネルギーは松果体でしか受け取れなかった。でも細胞が珪素化してくると、全身の細胞が直接、宇宙の叡智エネルギーを受け取ることができる。

神原　日本が高次元になったら、そういうことが可能になるってことですよね。日本自体のエネルギーが高くなったら、日本人は食べなくて大丈夫、寝なくてもOKっていう世の中になるっていうことです。

またエネルギーが高くなれば、娯楽や遊び、楽しみというものも変わります。今は、みんな自分の心身の癒しのために遊びを利用している。遊んで、発散したり休ませたりしないと次の仕事ができないからですが、エネルギーが高い世の中になったら、そんな必要もない。今のような遊びや楽しみがなくても大丈夫、という世の中になる。

松久　今までは方程式、ベクトルが間違ってたんです。生きるため、遊ぶために仕事をしていたでしょ。これはすごいベクトルの低い世界であって。これからは、幸せになるために仕事をするようになる。

要するに、仕事に生きがいをもって、自分の魂を高揚させるために仕事をするようになるんです。今まではしたくない仕事をお金のために無理やりしてきた。でもコロナで気づかされています。というか、コロナが人々に「お前ら、それで幸せだったのか？」という問いを突きつけた。

神原　僕がさっき言ったように「仕事をするだけで楽しい、幸せだ」って方向にシフトを変えてしまえば、いくらでもできますよ。これからの時代は、まさしくそれです。

古い時代の価値観は、新たな世界では通用しない

――会社に属していると、したいことをできないだけではなく、したくないこともさせられる。つまり会社に縛られるから、働くことは悪だと説く勢力もいます。

松久　そういうことを言う人間に限って、会社をかき乱して迷惑をかける。何もできないのに会社をむしばんで、お金を吸い取るだけ。そういう人間は会社勤めなんかしちゃダメなんだよ、自分の世界だけで生きていかないと。そういうふうに、ふるい分けしていかないといけませんよ。

もちろん、会社に雇われるという形そのものが悪いわけではないし、そうして生きたい人は、そうすればいい。でも、それを「縛られる」って考える時点で、そいつは雇われたらダメな人間なんだよ。縛られたくない人

間が、雇われる＝縛られると考えるんだから。

――そのタイプの人は自分で自活しなさい、ということですね。

松久　その通り。

神原　マインドされているんですよ。いろんな本やスピリチュアル的なこと、あるいは世間の常識的な事からマインドされている人たちは、世間にたくさんいます。何らかの才能は持っているんだけど、マイナス的なスピリチュアル常識のために能力を発揮できない。そうしたケースに陥っている人は本当にいっぱいいるんです。それはね、僕はちょっと救ってあげなきゃいけないと思っています。せっかく才能があるのに、本質と違う常識を植え付けられて、そのために才能を発揮できないのはもったいない話。

これからの日本には、才能ある人が必要なので、ちゃんと教えてあげる必要性はありますよね。そうすることで劇的に変わりますよ。

僕の講座でも、僕と同い年くらいのかわいい女の子がいて。見た瞬間に「この子は別次元のエネルギーを持ってるな」って感じたんですが、学校や親から「あなたはダメだ」ってマインドされてしまっているんです。そのために自分のエネルギーを出しきれていなかった。幸い僕の講座に来てくれたので、それこそ劇的に、きれいなエネルギーに変わりました。

松久　端的に言いますと、コロナ改革以前の地球社会で育ってきた大人たちから褒められる人間は、価値がない人と見ていい。コロナ以前に育ってきた人間には理解できない、彼らから受け入れられない人間にこそ、これからの可能性がある。つまり古い価値観に認められる人間は新しい世界で力を発揮できないし、大したこともできないってことです。古い価値観から見ると強烈な、ものすごい変態たちこそ、これからの時代に活躍する。

神原　いる場所の次元を上げてあげることで開花する人もいるんです。本来のエネルギーは高いのに、低い所に押し込められているから、グズグズになっちゃう。もったいない話ですよ。そういう人は下から上に上げてあげると、自分を生かす方法を自分でちゃんと見つけます。

松久　次元上昇を拒んでいる、阻止しているエネルギーの1つが、公務員なんです……知ってました？　これ、誰にも言ったことないんですけどね。だから政治家とか国会議員とか市役所とか、全部ない方が次元は上がります。セーフティネットは結構だけど、救わなくていい人間ばかり救ってさ。お役所も政治もいりませんよ。要するに、上から目線の人間はいらないんです、次元上昇を考えたら。これは誰も言わないから、私が言わないとね。上から目線で仕事をしている人間はいらない。

神原　生きる場所を変えさせてあげるだけで、変わる人は変わるんですよ。そういう人がいる場所には近づかないようにしましょう。

松久　食わせるため、生活させるための組織はいらないいんだよ。それより個の生きがいを創造しろ、生きる力を学ばせろと。

神原　ずばり考える力、感じる力ですね。

松久　公務員は決まった仕事をやる役割であり、特定の能力を必要としません。あっ、ちょっと言いすぎちゃった、また炎上だ（笑）。

神原　そこを変えようとしたら、国の考え方、やり方を変えないといけない、ってことですよね。日本の国の構図を変えていく、ということになります。これもあと10年すると消えていくでしょうね。第一、働いている人間に仕事に対する誇りがないです。それでは一般の会社でもそうですが、繁栄はありませんね。

――現代の日本では国民が国に対して「もっとくれくれ」という風潮があります。

松久　あれ、だめだよ。国が国民の面倒をみるのは当たり前だ、市が市民の世話を焼くのは当然だって、甘えきっている。何にもしない、できない人間が「権利、権利」と騒ぐ。地球と人類の次元上昇に役立たない人間は、いなくていいんだよ（笑）

――中国や韓国から入国して、すぐに生活保護を申請するケースが以前から問題視されています。実際に簡単に支給されてしまうと言われ、最近では日本人でも若い人の生活保護申請が増えているという話も聞きます。

松久　私が言う事に対して「金の亡者」とか「利益主義」とか言われることがありますけどね。今の世間で生きるにはお金が必要なんだから、子を持つ親はそれを子どもに教えてあげないと。こういう仕事をして、こういうことをすれば、きちっとお金もついてくる。夢を見せつつ、教えないとダメなんだよ。それをしないから「カネは悪だ」なんて勘違いして、あげくに政府に頼ることになる。

新たな生命に入れ替わり、地球は次元上昇を果たそうとしている

神原　中国、韓国と出てくるとヘイトとかなんとか言われるかもしれないけど、天皇は日本の光の中心であるということは、皆に気づいてほしいことです。

松久　天皇家で今まで残念だったのは、アトランティスの流れで真の天照大御神が乗っていなかったことですよ。でも、この3月15日で天皇家とそこが繋がったっていうのが大事。すでに天皇家はこの3月から、まったく次元が違っています。まさに世界のリーダーにふさわしいパワーを持ったんですね。

中国や韓国にとっては、それはもう批判できないレベルのエネルギーなんです。すぐに彼らは気づくでしょう。日本をリーダーにしないと、自分

たちが生きていけないってことに。今までさんざん日本を叩いてきたけど、これからは間接的にでも日本を上げていかないと自分たちも潰れてしまう。そういう感覚を持つようになります。

神原　他国が「日本はすばらしい国だ」と言葉にするかどうかは分かりませんけれども、エネルギー的な存在として日本が君臨していることに、だんだん気づいていくと思います。

でもその前に、日本の国民が気づかないといけませんよね。日本人が気づくことで、自分自身のエネルギーを上げていけますし、そうすることで日本の光の強さが増していきます。なぜ日本人がこんなにも霊性が高いのかという一因には宇宙は天皇の輝きに喜び、そこをめがけてエネルギーをおろしているのです。もし天皇という存在が早い段階でなくなってしまっていたら日本はここまで歴史を紡いでいないと思いますよ。

松久　メディアが毎日そういう放送したらいいんですよ。そうすれば一週間くらいで書き換わって、一気に変わりますからね。

――メディアは、コロナでは日本が一番感染者数が少ないにも関わらず、中国は立ち直りやＰＣＲ検査数が少ないなど、日本を貶める情報ばかりを発信しています。

神原　それはコントロールされた情報ですからね。しばらくしたら、事実が表面化してくると思いますよ。あと半年もすれば。

松久　「世界の人口の95％はすでにコロナに感染している」という事実は、近いうちにオンラインで話すつもりです。そもそもＰＣＲで出るのは物質化したウィルスの場合だけだから、ほとんどは検査では検出できない。意味がないんだと。

神原　コロナ問題では、今はほぼコントロールされた情報が出てきている状態です。でもあと半年もしたら、事実がちゃんと情報として出てくると思います。世界的にね。そうするとどこの国がコロナを抑えられたのかがはっきりするし、検証もされるでしょう。世界的な問題なので、そこは必ずやることになる。生活習慣から医療体制の問題から、精神的な要素から。いろいろなジャーナリストがいろいろな視点と角度で分析し始めますから、正しいことが表面化します。そうすると、みんな気づきますよね。楽しみです。あと半年くらいで全世界が事実に気づくんです。ズブズブの下の人たちでも「ああ、こういうことなのか。だったら、これは続けていきましょう。これは止めておきましょう」ということを、一般の人たちも考えるようになる。世界を巻き込んだコロナ禍は、どの次元の人もいろいろな角度で起こったできごとを考えなくてはならない、という問題を世界に突きつけた。その結果がどうなるか。

もちろん日本だけが上がればいいということではありません。世界全体が上がれば、本当に平和な世の中になりますから。

松久　コロナでは多くの人たちが亡くなりましたが、この多くの死は、彼ら自身が望んだことなんですよ。彼らはすでに十分に気づいたし、学んだ。だから今生に幕引きする。そして来生では次元を変えて生きる。この流れを後押しするため、コロナが協力して死なせたんですよ。すべては善であって、死んでいった人たちは祝福されるべきです。こういう事も伝えていかないとね。死はそれを望んだ人にしか訪れません。たとえ脳が「生きたい、生きたい」と切望していても、生死を決めるのは魂なんです。

神原　宇宙と地球の関係性から考えると、今の地球は不況やら何やらでエネルギーが下がっています。宇宙はというと、ちょうど10年くらい前までは震災をはじめとするさまざまな問題があって、エネルギーが停滞してたんです。グニャグニャしたひずみのようなものができてしまって、浄化するのに宇宙も忙しかった。それが少し落ち着いてきて、宇宙のエネルギーはかなりきれいになってきました。

地球では経済的な発展が進まず、物質欲が満たされないために、エネルギーがなかなか上がらない。ともすれば下がってしまう。その中で地球をどう次元上昇させるかを宇宙は考えて計画を立て、いろいろなアクションを起こしています。今回のコロナも、その一環です。

地球上ではコロナでたくさんの人が亡くなったけれども、入れ替わりにプラスのエネルギーを持った人たちが生まれてくる。だから亡くなった人たちは、申し訳ないけれど宇宙に上がって、宇宙でエネルギーを放ってもらう。今までの人類の一定数を新しいエネルギーを持った人たちに入れ替えて、その力で地球を上げていく、という計画なんです。

すでに10年くらい前から、エネルギーの高い人たちが生まれてきています。しかし、宇宙のエネルギーが下がることはありません。宇宙は地球の魂を高めさせようとしているんです。そういうわけで、今生まれてきている人たちは、もともとのエネルギーが高いです。僕らがなんだかんだと言うまでもない。すでに悟っているキラキラの魂さんたちが地球上に降りて来て、成長して活躍し、やがて地球に新しい光を放つ。結果的にその新しいエネルギーが周りの人々を高め、そのエネルギーが宇宙に届き宇宙のエネルギーまでを上げる。そうした役目を担う赤ちゃんたちが生まれてきているんです。宇宙が人を介して地球と宇宙のエネルギーバランスをとっているんです。

松久　もっと言えば、地球を変えるということは……ここが一番大事なところですが、葬式です。日本人の多くは無宗教なのに、死ぬ時だけ仏式で葬式をする。わざわざ忙しいのに出かけて行って、お金包んで。それで死んだ人が生き返るわけでもないのにね。霊体になると、どこへでも行けますから、わざわざ人が集まらなくてもいいんです。葬式で余計なエネルギーを使うくらいなら、亡くなった人を思い浮かべるだけでいい。故人に縁のある人たちが一斉にそれをやれば、なおいい。霊界は形式的なものがまったくない世界です。形にこだわるのは地球界の特徴ですが、ああいう形式ばった儀式は止めなさい。何でやるんだろう？　って、いつも思うんですよ。霊体に物質が寄っていって、何になるのか。死んだ人のためにやるというんなら、他にもっと大事なことがありますよ。

そういうところから生活スタイルを考えていかないと、根本的に意識が変わりにくいと思うんです。仏教や神道には、根本的に根付いているものがあるんです。正月にだけ神前で手を合わせることに、なんの意味もありませんよ。

神原　そういう意味でいうと、亡くなった人たちが人生の中でエネルギーを消費してしまって、宇宙に上がれない場合がありますからね。そういう人たちにエネルギーを送ってあげるといいですね。

松久　亡くなった人のエネルギーをサポートしてやるようなことをやらないと。呼び戻すようなことをしたら、余計に苦しむよ。霊体にでも未練を持たせたらダメ。死は祝福、お祝いなんだから。悲しい顔をして、泣いてたらダメじゃないの、と僕は思うんだよね。

神原　死に対して淡々としているようで、実は自分の人生に未練タラタラで、最後の最後になって「死にたくない！」って言い出す人は、けっこういるんですよ。そういう人たちも健全に宇宙に上がって行ってもらった方が、絶対的に幸せだし、本人も楽なんです。宇宙に上がると幸せ感がいっぱいですから。

でもそういうことが理解できていない上に、死ぬことは怖い事だ、悪い事だと植え付けられているから。なかなか宇宙に帰ろうとしないのです。

松久　有名人が亡くなって、葬儀がテレビ中継なんかされるとさ、参列してる芸能人が涙を流したりしてるけど、それ自己満足だろ、って思うよ。

神原　そんなことより、強いエネルギーをたくさん送ってあげた方が、その人のためになりますね。

松久　追悼番組なんかも、生きている間にやってあげたらいいんですよ。死んだ後でそんなことをやって、何の意味があるのか。人は他人の不幸を喜ぶ生き物だから、人が死ぬのを喜んで話すんでしょうかね。

――コロナ騒動の最中、多くの国々で学校が休校とされました。しかし日本で休校に踏み切ると、子どものストレスをはじめとする批判が噴出して、やがて政府批判にまで発展しました。

松久　メディアの人たちって、何が楽しくてああいう仕事をしてるんだろうね？　今度言ってやろうかな。自分たちが悪いことをしている自覚がまったくない。そういう方向に仕向けられているんですね。「洗脳されているのは宗教法人でなく、あなたたちですよ」って言ってやろう。洗脳しているのは宗教でなく、メディアですよ。メディアの人たちです。

――メディアに対する洗脳というと、今は中国系・韓国系が強いという声があります。しかしそうした声に対して「保守層の誤解だ」という反論も出ています。

神原　そうですね、中国系は強い。

松久　フリーメイソンやイルミナティも、全部が全部、悪人ばかりではないんですよ。良い人もいっぱいいる。あくまでも組織を牛耳っている一部の人たちが……という話であって。また中国の話になったら、同じようにあの国を取り仕切る一部の人たちについてのことと触れておかないといけないね。

――共産党の幹部クラスという事でしょうか。

松久　はい。そうです。

神原　妨害が入ろうとサポートがあろうと、迷走する人は迷走するし、上がる人はスッとスムーズに上がっていきます。転げ落ちる人は転げ落ちる。はっきりした時代です。これから1年や2年は、こういう状態が続きますよ。

松久　これからの地球のリーダーとなる人間もそうだろうね。名の知れたスピリチュアル界の大物から教えを受けました……なんてのは、大したことはないんだよ。だって、そういう人は師匠を飛び越えることは絶対にできないから。今までにない新しい世界を引っ張っていく力は、一から作りだすしかない。誰かに教わることではないんです。

神原　作り出すのはけっこう大変なことです。大変だけど、誰も手を挙げなかったら、言葉にしなかったら、そうしたら仕方ない。今のままではお尻が落ち着かないからね。「しょうがないな、俺がやるか」「僕が言おうか」ということになる。

断言しておきますが、僕が見ているものや聞いているものは、僕にとってはすべて正しいものです。ただ、それが世の中でどう見られるか、どう影響するかなんてことは知りません。見た人、聞いた人が、プラスに受け取ればプラスになるでしょうし、マイナスに受け取ればマイナスになるでしょう。

それは受け取った人が自由に選択することですから、僕がどうこうできるものではありません。受け手の皆さんの判断にお任せします。

しばらくは厳しい世の中が続くでしょう。辛いと感じることがあるかもしれません。しかしそれは体験と共に魂の学びをしているということ、霊性を上げるためのことです。

僕は仕事をするとすごく疲れるので、進んでやる気持ちが湧いてきませんでした。でも今はそんなことを言っている場合じゃない、がんばらないとと思い、考え方、感じ方を変えました。「仕事をすればするほど霊性は上る、やって疲れるのは当たり前。疲れたら一瞬にして疲れを取ればいいだけだ。」そう思うようにしたら疲れもあまり気にならなくなりましたし、一日中眠ることも少くなりました。なにより仕事が楽しくなったのです。

これからの時代はこのように考え方、意識を自由自在に使いこなさないと、生きることがつらく思えるかもしれません。

そういう意味では意識改革が大事な時代に入りました。もう1つ、今まで自分の魂が「自分が一番になる、一番になりたい」と叫ぶのが聞え、その考えは無理だろうと自分を諌めてきました。しかしその声をよく聞くと、「自分の中での一番」と言っているのだと気付きました。

要するに、一番質のよい自分ということ「自分の一番よい状態になりたい。」だったのです。それに気付けリラックスでき、それを目指そうと思っています。

人は宇宙に導かれ生きているのだと思います。心の動くままに自分らしく生きていくのが一番だと思います。

――願わくば受け手の、責任ある判断と選択を望みたいところですね。

松久正先生、神原康弥さん、長時間にわたり、ありがとうございました。

地球のメディア情報では
もう人類は救われません
宇宙ヘルツで進化する新人類

令和2年9月20日　初版発行

著　者　松久正　神原康弥
発行人　蟹江幹彦
発行所　株式会社　青林堂
〒150-0002　東京都渋谷区渋谷3-7-6
電話　03-5468-7769
装　幀　TSTJ inc.
印刷所　中央精版印刷株式会社

Printed in Japan

ISBN 978-4-7926-0686-2

僕が神様に愛されることを厭わなくなったワケ

保江邦夫

なぜこの僕に、ここまで愛をお与えになるのか。イエス・キリストからハトホル神、吉備真備、安倍晴明まで、次々と現われては、お願い事を託されてしまった！

定価1400円（税抜）

ピラミッド封印解除・超覚醒 明かされる秘密

松久正

ピラミッドは単なる墓などではなかった！
88次元存在であるドクタードルフィンによる人類史上8回目の挑戦で初めて実現させたピラミッド開き！

定価1881円（税抜）

神ドクター Doctor of God

松久正

至高神・大宇宙大和神（金白龍王）が本書に舞い降りた！
神々を覚醒・修正するドクタードルフィンが、人類と地球のDNAを書き換える！

定価1700円（税抜）

日本の女神たちの言霊

大野百合子

神道学博士　小野善一郎先生推薦！
【付録】本書登場の女神様のカードが1枚、ランダムついています。

定価1800円（税抜）